石油教材出版基金资助项目

石油高职院校特色规划教材

石油工程 HSE 管理

(富媒体)

主　编　郭永伟　吕凤滨　杨　帆

副主编　蒲　草

石油工业出版社

内 容 提 要

本教材以石油工程技术的开发链为基础,以石油工程技术风险控制为核心,阐述了与石油工程 HSE 管理体系相关的基本概念、基本原理及风险理论,系统介绍了石油工程 HSE 管理体系的产生和发展历程,对石油工业的整个开采环节进行了分解,以钻井—采油—井下作业的开发顺序,对 HSE 管理体系的不同风险进行了分析;另外对海上石油工程 HSE 管理风险和控制措施及应急管理相关知识也进行了介绍。

本教材可供石油高职院校石油工程技术专业学生使用,也可供石油、石化企业相关 HSE 管理人员使用和参考。

图书在版编目(CIP)数据

石油工程 HSE 管理:富媒体/郭永伟,吕凤滨,杨帆主编. —北京:石油工业出版社,2020.6(2024.2 重印)
石油高职院校特色规划教材
ISBN 978-7-5183-3970-9

Ⅰ.①石… Ⅱ.①郭…②吕…③杨… Ⅲ.①石油企业—工业企业管理—中国—高等职业教育—教材 Ⅳ.①F426.22

中国版本图书馆 CIP 数据核字(2020)第 084868 号

出版发行:石油工业出版社
(北京市朝阳区安华里 2 区 1 号楼 100011)
网　　址:www.petropub.com
编辑部:(010)64523733
图书营销中心:(010)64523633
经　　销:全国新华书店
排　　版:北京密东文创科技有限公司
印　　刷:北京中石油彩色印刷有限责任公司

2020 年 6 月第 1 版　2024 年 2 月第 4 次印刷
787 毫米×1092 毫米　开本:1/16　印张:10.5
字数:238 千字

定价:28.00 元
(如发现印装质量问题,我社图书营销中心负责调换)
版权所有,翻印必究

前　言

石油天然气行业是一个资金密集、技术密集、人才需求高的行业,同时也是一个高危行业,是一个生产易燃易爆、高温高压、有毒有害产品和连续作业的特殊行业。随着油气勘探开发生产规模的不断扩大,事故发生的概率也在不断增加,事故造成的后果是严重的,甚至是灾难性的。党的十九大以来,随着我国经济的快速发展,我国能源行业和国际能源市场也进入了"新时代",石油石化行业和企业越来越重视自身的社会责任感及担当意识。

相对于国外石油公司的 HSE 管理体系,我国 HSE 管理体系起步较晚,但发展很快,相关的标准规范不断健全。HSE 管理体系,是国际上石油石化行业通用的一种科学、系统、规范的管理体系,体现了当今石油天然气行业的运作规范和人本关怀。健全相关的 HSE 管理体系也是体现我国石油石化行业国际化管理和国际化运作的基本要求,HSE 管理体系的建设是关系企业国际化运转的重要指标。因此,需要加强对石油石化行业企业及相关从业者 HSE 管理体系知识的培训和教育,以体现"以人为本、预防为主、全员参与、持续改进"的 HSE 管理理念的要求。

"石油工程 HSE 管理"是石油工程技术专业的一门核心课。通过本课程的学习,要求学习者能够掌握 HSE 体系的基本概念、原理,了解油田各风险要点,掌握各主要施工的不安全行为和不安全状态;同时,应具有良好的职业道德,树立良好的人生观、世界观、价值观,培养与他人的合作、交流、协商能力及环境适应能力;并有工作责任心和社会责任感,能够利用专业知识节约能源、保护环境。

本书具有很高的综合性、广泛性和实用性。通过本书的学习,学习者能够系统掌握石油天然气 HSE 管理体系的组成、运作及相关学术用语的含义,具备安全、健康、环保意识,为今后成长为石油一线工作者及相关石油工程 HSE 专职管理者奠定坚实的知识和意识基础。

本书共七章,由承德石油高等专科学校郭永伟、天津石油职业技术学院吕凤滨、大庆职业学院杨帆担任主编,南充职业技术学院蒲草担任副主编,具体编写分工为:第一、二章由杨帆编写,第三、四、七章由郭永伟编写,第五、六章由吕凤滨、蒲草编写,新疆油田应急抢险救援中心工程技术公司的郭红胤参与视频"便携式H_2S检测仪的使用"和"正压式空气呼吸器的使用"的拍摄。全书由郭永伟统稿。

在本书的编写过程中,得到了承德石油高等专科学校和其他相关院校的大力支持,在此一并表示感谢!

由于编者水平有限,书中错误和遗漏在所难免,热忱欢迎广大师生和读者提出宝贵意见,以便再版时进一步完善。

编 者

2020 年 4 月

目 录

第一章 HSE 管理体系基础知识 ··· 1
 案例导入 ··· 1
 第一节 HSE 管理体系概述 ··· 1
 第二节 国内外石油 HSE 发展历史 ··· 7
 思考题 ··· 9

第二章 石油 HSE 管理知识 ··· 10
 案例导入 ··· 10
 第一节 风险控制的原则和方法 ··· 10
 第二节 石油 HSE 管理体系及风险识别 ··· 17
 第三节 "两书一表" ··· 27
 技能训练 ··· 33
 思考题 ··· 38

第三章 钻井作业 HSE 风险识别与控制 ··· 39
 案例导入 ··· 39
 第一节 钻井作业 HSE 风险识别 ··· 39
 第二节 钻井作业 HSE 风险控制 ··· 45
 技能训练 ··· 58
 思考题 ··· 59

第四章 采油作业 HSE 风险识别与控制 ··· 60
 案例导入 ··· 60
 第一节 采油作业 HSE 风险识别 ··· 61
 第二节 采油作业 HSE 风险控制 ··· 67
 技能训练 ··· 76
 思考题 ··· 77

第五章 井下作业 HSE 风险识别与控制 ··· 78
 案例导入 ··· 78
 第一节 井下作业 HSE 风险识别 ··· 78
 第二节 井下作业 HSE 风险控制 ··· 83

技能训练···108
　　思考题···110

第六章　海洋石油工程 HSE 风险识别与控制·····························111
　　案例导入···111
　　第一节　海洋石油工程 HSE 风险识别···112
　　第二节　海洋石油工程 HSE 风险控制···116
　　技能训练···134
　　思考题···136

第七章　应急管理与应急预案··137
　　案例导入···137
　　第一节　突发事件与应急管理··138
　　第二节　应急预案编制与培训演练···140
　　第三节　应急预案的实施··148
　　第四节　应急预案评审及有效性评价··149
　　技能训练···150
　　思考题···152

参考文献··153

附录　三大石油公司 HSE 相关企业标准·································154
　　附录一　中国石油天然气集团有限公司企业标准·······················154
　　附录二　中国石油化工集团有限公司企业标准··························156
　　附录三　中国海洋石油集团有限公司企业标准··························158

富媒体资源目录

序号	名称	页码
1	视频 2-1　戴明环原理	11
2	视频 3-1　常见钻井作业 HSE 风险	39
3	视频 4-1　采油作业中的真实伤害案例	60
4	视频 5-1　检泵与起下作业的 HSE 风险识别与控制	89
5	视频 5-2　高空作业 HSE 风险控制	106
6	视频 5-3　干粉灭火器的使用	108
7	视频 5-4　正压式空气呼吸器的使用	110
8	视频 6-1　海洋石油工程 HSE 风险特殊性	113
9	视频 6-2　心肺复苏操作	135
10	视频 6-3　便携式 H_2S 检测仪的使用	136

本书富媒体资源由编者提供,若教学需要,可向责任编辑索取,邮箱为 1305615531@qq.com。

第一章

HSE管理体系基础知识

案例导入

一、事故经过

2005年10月12日,某井下修井队按照甲方设计要求在某井进行换管柱作业,发生油管断裂,并进行打捞。打捞时,发现井内结垢严重,12日甲方决定先进行除垢作业。副队长组织施工,按设计要求清理储液罐内残液,将40袋氨基磺酸搬至罐顶平台。技术员技术交底,副队长带领3名员工上平台。19时50分,当倒至第24袋(每袋25kg)时,4人突然晕倒,其中3人掉入罐内,1人倒在罐盖上,现场人员发现后,立即将倒在罐盖上的人员抢救到安全地带。掉入罐内的3人被救出送往医院,经抢救无效死亡,法医鉴定为硫化氢中毒。倒在罐盖上的1人经抢救脱离危险。

二、事故分析

(1)技术人员没有按要求对井筒水进行取样化验操作。

(2)个别员工安全意识淡薄,操作中只重速度,对施工风险未给予足够重视。

三、安全启示

(1)注水井作业前,组织对井筒水进行取样分析,若含有硫化亚铁成分应禁止使用酸性液体洗井;在配制除垢剂作业前,进行除垢剂与井筒返出物反应检测实验,确认无有毒气体后,方可作业。

(2)将储液罐、配液罐加强筋改在罐底部;在罐顶加格栅,防止人员作业时坠落。

第一节 HSE管理体系概述

HSE管理体系是健康(Health)、安全(Safety)和环境(Environment)管理体系的简称,是将组织实施健康、安全与环境管理的组织机构、职责、做法、程序、过程和资源等要素进行有机结合,这些要素通过先进、科学、系统的运行模式有机地融合在一起,相互关联,相互作用,形成动态管理体系。

H(健康)指人身体上没有疾病,在心理上(精神上)保持一种完好的状态。

S(安全)指在劳动生产过程中,努力改善劳动条件、克服不安全因素,使劳动生产在保证劳动者健康、企业财产不受损失、人民生命安全的前提下顺利进行。

E(环境)是指与人类密切相关的、影响人类生活和生产活动的各种自然力量或作用的综合。它不仅包括各种自然因素的组合,还包括人类与自然因素间相互形成的生态关系的组合。

由于健康、安全与环境的管理在实际工作过程中有着密不可分的联系,因此将健康、安全和环境组合成一个整体的管理体系。HSE 管理体系是现代石油化工企业发展和走向国际先进企业行列的必然要求。

一、建立 HSE 管理体系的目的及意义

(一)建立 HSE 管理体系的目的

(1)是贯彻国家可持续发展战略的要求;
(2)可促进我国石油和石化企业进入国际市场;
(3)可减少企业成本,节约能源和资源;
(4)可减少各类事故的发生;
(5)可改善企业形象,改善企业与当地政府和居民的关系;
(6)可提高员工的风险意识。

(二)建立 HSE 管理体系的意义

(1)是遵守国家法规、贯彻国家可持续发展战略的要求;
(2)可以使企业降低成本、减少能耗及避免各类事故的发生;
(3)可以改善企业形象,提高经济效益;
(4)能够充分调动员工的积极性。

二、HSE 管理体系的相关术语

(1)要素:HSE 管理中的关键因素。
(2)事故:造成死亡、职业病、伤害、财产损失或环境破坏的事件。
(3)危害:可能造成人员伤害、职业病、财产损失、作业环境破坏的根源或状态。
(4)风险:发生特定危害的可能性或发生事件结果的严重性。
(5)风险评价:依照现有的专业经验、评价标准和准则,对危害分析结果做出判断的过程。
(6)审核:判别管理活动和有关过程是否符合计划安排,这些安排是否得到有效实施,系统地验证企业实施安全、环境与健康方针和战略目标的过程。
(7)评审:高层管理者对 HSE 管理体系的适应性及其执行情况进行正式评审。评审内容包括有关 HSE 管理体系中存在的问题及方针、法规和因外部条件改变而提出的新目标。

(8)资源:实施HSE管理体系所需的人员、资金、设施、设备、技术和方法等。

(9)HSE管理体系:实施HSE管理的组织机构、职责、做法、程序、过程和资源等而构成的整体。

(10)不符合:任何能够直接或间接造成伤亡、职业病、财产损失、环境污染事件的操作,违背作业标准、规程、规章,以及与管理体系要求产生的偏差。

(11)管理者代表:由公司最高领导者任命,在公司内代表最高领导者履行HSE管理职能的人员。

三、HSE管理体系相关理论

(一)风险管理理论

风险管理理论认为如果能够预先知道会发生特定的一种危害,就能够通过管理和发挥人的技能来避免事故发生或是设法使人、环境和财产免受损害,即能够对风险进行控制。

(二)事故因果连锁论

事故因果连锁论(也称为多米诺骨牌理论),认为伤亡事故的发生是许多互为因果的原因、因素连锁作用的结果,即:

(1)人员伤亡(A)的发生是由于事故(D);

(2)事故(D)的发生是因为人的不安全行为或物的不安全状态(H);

(3)人的不安全行为和物的不安全状态(H)是由于人的缺点(P)造成的;

(4)人的缺点(P)起源于不良的社会环境或先天的遗传因素(M)。

(三)轨迹交叉论

轨迹交叉论综合了各种事故致因理论的积极方面,其基本思想是:伤害事故是许多互相关联的事件顺序发展的结果。这些事件可概括为人和物两个发展系列。当人的不安全行为和物的不安全状态在各自发展过程中(轨迹),在一定的时间、空间发生接触(交叉),能量"逆流"于人体时,伤害事故就会发生。而人的不安全行为和物的不安全状态之所以产生发展,又是受多种因素作用的结果。

根据轨迹交叉论构建的轨迹交叉论事故模型反映了绝大多数事故的情况。实际情况是,只有少量事故是与人的不安全行为和物的不安全状态无关的,绝大多数事故是与二者同时相关的。日本劳动省调查分析了50万起事故的结果,发现:从人的序列分析,只有约4%的事故与人的不安全行为无关;从物的序列分析,只有约9%的事故与物的不安全状态无关。

(四)事故频发倾向论

1. 定义

事故频发倾向论是指个别人容易发生事故,存在稳定的个人内在倾向。1919年,格林伍德、伍兹研究发现:事故在人群中并非随机分布,某些人较其他人更容易发生事故,存在稳定的个人内在倾向。事故频发倾向者的存在,是工业事故发生的主要原因。

2.事故频发倾向者的性格特征

感情冲动,容易兴奋;脾气暴躁;厌倦工作、没有耐心;慌慌张张、不沉着;动作生硬,工作效率低;喜怒无常、感情多变;理解能力低,判断和思考能力差;极度喜悦和悲伤,缺乏自制力;处理问题轻率、冒失;运动神经迟钝,动作不灵活。

3.预防措施

该理论认为事故预防可以从人员职业适应性分析和人事调整两方面考虑。

4.贡献与局限性

该理论找到了导致生产安全事故的最主要原因——人,这在当时是十分了不起的理论贡献。但其局限性是只看到人的因素,极不全面。

(五)事故遭遇倾向论

1.定义

事故遭遇倾向论是指某些人员,在某些生产作业条件下容易发生事故的倾向。事故遭遇倾向论,其实是对事故频发倾向论的发展和修正。

2.影响事故发生频度的主要因素

搬运距离短,噪声严重,临时工多,工人自觉性差等。

3.预防措施

该理论认为事故预防可以从人员职业适应性分析和人事调整两方面考虑。

4.贡献

该理论认为事故的发生不仅与个人因素有关,而且与生产条件有关,为事故预防提供了较全面的指导。

(六)海因里希事故因果连锁论

1.定义

海因里希事故因果连锁论认为事故的发生不是一个孤立的事件,尽管事故可能发生在某一瞬间,却是一系列互为因果的原因事件相继发生的结果。

2.海因里希事故因果连锁过程

遗传及社会环境→人的缺点→人的不安全行为或物的不安全状态→事故→伤害(图1—1)。

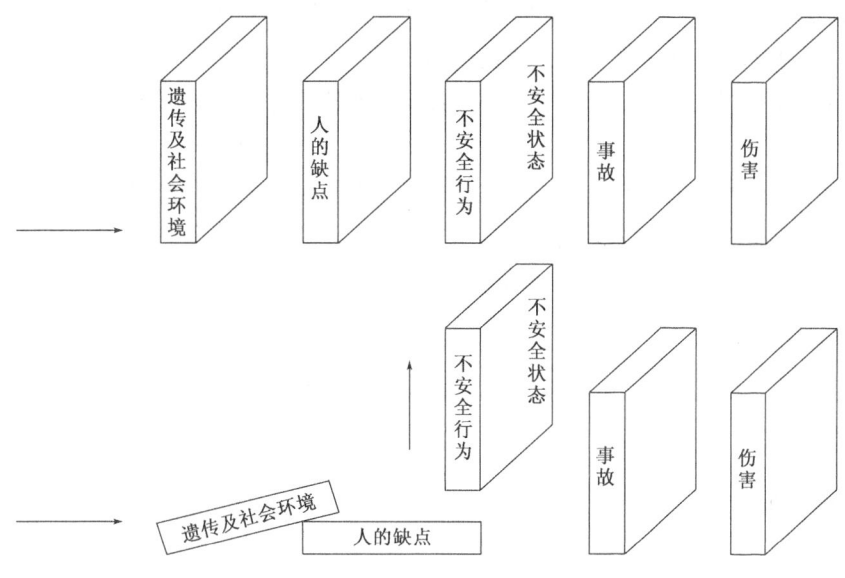

图 1-1 海因里希事故因果连锁图

3. 预防措施

该理论认为防止事故发生的重点是：防止人的不安全行为，消除物的不安全状态，中断事故连锁进程，避免事故发生。

4. 贡献与局限性

该理论的贡献是找到了事故发生的因果关系；局限性是把事故最基础的原因归结于遗传与环境，给安全生产管理带来了理论上的障碍。

(七)博德因果连锁理论

1. 事故连锁过程

博德在海因里希事故因果连锁论的基础上，提出了代事故因果连锁理论，其事故连锁过程为：管理失误→个人因素及工作条件→不安全行为或不安全状态→事故→伤亡。

2. 博德事故连锁过程影响因素

(1)管理失误。事故因果连锁中一个最重要的因素是安全管理，控制是管理机能(计划、组织、指导、协调及控制)中的一种机能，安全管理中的控制是指失误控制，包括对人的不安全行为、物的不安全状态的控制，它是安全管理工作的核心。

(2)起源。起源论，是找出问题的基本的、背后的原因，而不是停留在表面的现象上，只有这样，才能实现有效地控制。为了从根本上预防事故，必须查明事故的基本原因，并针对查明的基本原因采取对策。基本原因包括个人原因及与工作相关的原因。

(3)表象。不安全行为或不安全状态是事故的直接原因，是一种表面的现象。直接原因是基本原因的征兆。在实际工作中,如果只抓住作为表面现象的直接原因而不追究其背后隐藏的基本原因,就永远不能从根本上杜绝事故的发生。

(4)交叉接触。安全专业人员从能量的观点把事故看作是人体或构筑物、设备与超过其阈值的能量的接触,或人体与妨碍正常生理活动的物质的接触。于是,防止事故就是防止接触。为了防止接触,可以通过以下途径:改进装置、材料及设施,防止能量释放;训练,提高工人识别危险的能力;佩戴个人保护用品来保护人体。

(5)后果。事故后果包括人员伤害和财物损坏,二者统称为损失。

3. 现代安全理论

人的不安全行为或物的不安全状态是事故的直接原因;间接原因是人的缺点;根本原因是管理失误。

4. 预防控制措施

首先要在管理上下功夫,从控制间接因素入手,来控制人的不安全行为和物的不安全状态,最终防止事故的发生。

5. 贡献

该理论找到了控制事故发生的关键——管理。

(八)金字塔模型

金字塔模型,又称事故金字塔,也称1:29:300法则,如图1-2所示。它是通过分析55万起工伤事故的发生频率后,发现在1起死亡或重伤害事故背后,有29起轻伤害事故;29起轻伤害事故背后,有300起无伤害虚惊事件,以及大量的不安全行为和不安全状态存在。

1:29:300的比例说明了事故发生频率与伤害严重程度之间的普遍规律。事故结果为轻微伤害及无伤害的情况是大量的,在这些轻微伤害和无伤害事故背后,隐藏着与造成严重伤害事故相同的原因。

因此,预防事故要从杜绝轻微伤害和无伤害事故做起。该理论为实施无隐患管理提供了理论基础。

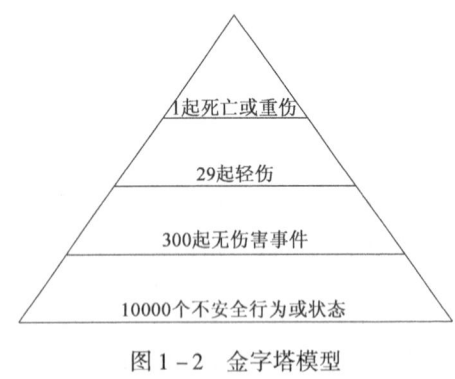

图1-2 金字塔模型

(九)冰山理论

冰山理论是萨提亚家庭治疗中的重要理论,它指一个人的"自我"就像一座冰山一样,人们能看到的只是表面很少的一部分——行为,而更大一部分的内在世界却藏在更深层次,不为人所见,恰如冰山。冰山理论中包括行为、应对方式、感受、观点、期待、渴望、自我七个层次。安全事故的发生就类似于漂浮的冰山,暴露的问题只是冰山的一角。没有暴露的问题就在水下,人们看不到,但是问题会很多很多。

(十)能量观点的事故因果连锁

人们调查伤亡事故原因后发现:大多数伤亡事故都是由过量的能量,或干扰人体与外界正常能量交换的风险物质的意外释放引起的,并且这种过量能量或风险物质的释放都是由于人的不安全行为或物的不安全状态造成的。能量观点的事故因果连锁理论认为预防事故就是防止能量或危险物质意外释放和防止人体与过量能量或危险物质接触。

该理论的贡献是提示了大多数事故发生的本质是过量能量和危险物质的意外释放,为事故预防提出了新的思路。

第二节 国内外石油 HSE 发展历史

一、国外石油 HSE 发展历史

20世纪60年代以前,对各类事故的管理态度主要表现为事后处理。在发生各种安全事故后,人们持续对其进行总结,探究事故的根本原因,找到有效预防的措施,并逐步累积经验,不断提出新的事故致因理论,如多米诺骨牌理论和系统安全理论。

1919年,英国的格林伍德(M. Greenwood)和伍兹(H. H. Woods)运用偏倚分布、泊松分布和非均等分布,调查多个工厂,对其伤害事故发生次数的资料进行统计检验,最后得出结论:工厂中存在着经常进行错误操作进而导致安全事故频繁发生的人员。

1931年,美国工程师海因里希(Heinrich)首次提出了著名的海因里希事故因果连锁论。该理论指出,事故发生前的最直接的动作可能仅仅是事故的导火索,而不足以造成事故发生,事实上,事故极可能是由多个相关联的因果事件接连发生所导致的。由海因里希事故因果连锁论可知,员工在生产作业时的危险操作、组织内物质资源及设备的危险状态是导致事故发生的最直接原因。

1974年,石油工业国际勘探开发论坛(E&P Forum)正式成立,并建立了 HSE 部门,专门负责对健康、安全与环境管理系统进行深入的研究。

1985年,壳牌石油公司初步提出强化安全管理(Enhance Safety Management)的构思与设想,随着1986年强化安全管理手册的形成,HSE 管理系统雏形得以形成。

西方各工业国家加速发展的同时,国际上发生了几次与石油相关的重大负面事件。1986年瑞士桑多兹(Sandoz)化学公司火灾事件,1988年英国北海帕玻尔·阿尔法(Piper Alpha)平台爆炸事件,1989年埃克森瓦尔迪兹号(Exxon Valdez)油轮泄油事件,这些事故不仅引起了国际各界,尤其是工业界的普遍关注,也促使人们对 HSE 管理进一步深化研究。

1990年,壳牌公司在总结过去五年实践活动及经验的基础上,制定出安全管理体系(Safety Management System),仅供集团内部使用;此外,还要求公司范围内的海上作业实施"安全状况报告(Safety Case)"。1991年,壳牌公司进一步提出健康、安全与环境(HSE)方针指南;同年在荷兰海牙顺利召开了第一届油气勘探、开发的健康、安全、环境(HSE)国际会议,HSE这一概念逐步为大家所熟知。

1992年,由壳牌公司制定的安全管理体系标准EP92-01100正式出版。

1994年,在印度尼西亚雅加达召开了由塑料工程师学会(Society of Plastics Engineers)发起的油气开发方面安全与环保国际会议,得到了国际石油工业环境保护协会(IPIECA)和美国石油地质学家协会(AAPG)的大力支持,影响面甚广。由于世界知名石油企业及服务厂商都参加了此次会议,HSE管理的知名度在全球范围内得以快速提升。

1994年7月,由壳牌石油公司制定的"开发和使用健康、安全和环境管理体系导则"正式出版。9月,壳牌公司正式颁发由其HSE委员会制定的"健康、安全、环境管理体系"。

1996年1月,由ISO/TC67的SC6分委会发布的《石油和天然气工业健康、安全与环境(HSE)管理体系》(ISO/CD14690标准草案)得到了全球各大石油公司的高度认可,成为行业标准。

目前,包括壳牌(Shell)、哈里伯顿(Halliburton)、道达尔(Total)、英国石油公司(BP)在内的许多国际石油企业都各自开发了完备的HSE管理系统。鉴于人们对安全的需要与对环境的重视,石油石化行业发展到一定阶段必然会产生与安全、环境等问题相关的管理办法,HSE管理系统应运而生。目前HSE管理体系已经成为石油相关企业的共同行为准则。

二、国内石油HSE发展历史

与国外相比,国内HSE管理体系的相关研究则起步较晚。长期以来,我国工业基础薄弱,安全生产、绿色环保等理念一直得不到重视,对HSE管理体系的概念理论知之甚少,这种情况一直延续到20世纪末。为了得到走向国际市场的通行证,具备参与国际竞争的资格,我国三大石油公司经过迅速的体制改革,开始建立HSE管理体系。

1997年6月,原中国石油天然气总公司正式颁布了中华人民共和国石油天然气行业标准《石油天然气工业健康、安全与环境管理体系》(SY/T 6276—1997),自1997年9月1日起实施。同期还颁布了《石油物探地震队健康、安全与环境管理规范》(SY/T 6280—1997)、《石油天然气钻井健康、安全与环境管理体系指南》(SY/T 6283—1997),自1997年11月1日起实施。

1997年,中国海洋石油总公司在《中国海洋石油总公司安全(HSE)管理系统原则及文件编制指南》中阐明了关于HSE管理系统设立和执行的政策。

1999年12月,中国石油天然气集团公司编写《中国石油天然气集团公司健康、安全和环境管理体系管理手册》,该手册2000年1月29日的正式发布,标志着中国石油天然气集团公司HSE管理体系的全面推行。

2001年2月8日,中国石油化工集团公司正式颁布了《中国石油化工集团公司安全、环境与健康(HSE)管理体系》(Q/SHS 0001.1—2001);另外还在此基础上颁布了十个HSE文件

(一个体系、四个规范和五个指南)。

2003年,在总结石油行业内国际各大公司的先进经验的基础上,中国石油化工集团公司创建并启动了HSE创优模式,同时还制定了《HSE创优升级计划》,并通过在单位中踊跃组织健康、安全与环境创优升级相关活动,对组织绩效进行评价反馈,以及善于发现并奖励表现优秀者,从而促使组织内各层级员工的HSE成果迅速增多。

2004年,在分析HSE管理现状之后,中国石油天然气集团公司将HSE管理标准作为参考,以GB/T 19001—2000(《质量管理体系要求》)标准的有关要求为依据,且将国家标准GB/T 24001—2004(《环境管理体系要求及使用指南》)与GB/T 28001—2001(《职业健康安全管理体系规范》)进行融合,颁布了Q/CNPC 104.1—2004标准。

2007年8月,中国石油天然气集团公司对Q/CNPC 104.1—2004进行了修订,颁布了新标准Q/SY 1002—2007《健康、安全与环境管理体系》。Q/SY 1002—2007《健康、安全与环境管理体系》分为三个部分:第1部分——规范;第2部分——实施指南;第3部分——审核指南。同年,为了深入推进HSE管理体系工作,中国石油天然气集团公司将集团公司HSE管理体系推进的成功经验做法,以及AQ 9006—2010《安全生产标准化基本规范》的相关要求融入新标准中,修订Q/SY 1002.1—2007的部分内容。

2013年5月,对Q/SY 1002.1—2007《健康、安全与环境管理体系第1部分:规范》进行修订,颁布了Q/SY 1002.1—2013《健康、安全与环境管理体系第1部分:规范》。

2014—2015年又陆续出版了Q/SY 1002.2—2014《健康、安全与环境管理体系第2部分:实施指南》和Q/SY 1002.3—2015《健康、安全与环境管理体系第3部分:审核指南》。

在各大石油公司积极建立HSE管理系统的同时,我国学术界对HSE管理体系也进行了深入的研究。例如,郭生忠(2004)在HSE绿卡管理模式中指出,针对各阶层、各岗位、各专业员工,要进行个性化的HSE培训、教育与考核,以达到有效消除生产过程中主观因素的危险和不当行为的目的。

思 考 题

1. 什么是HSE管理体系?
2. HSE管理体系的根本目的是什么?
3. 轨迹交叉论综合了各种事故致因理论的积极方面,其基本思想是什么?

第二章 石油HSE管理知识

案例导入

一、事故经过

2002年6月20日,某压裂队在某井进行CO_2压裂施工,施工结束,大泵压力刚降至约

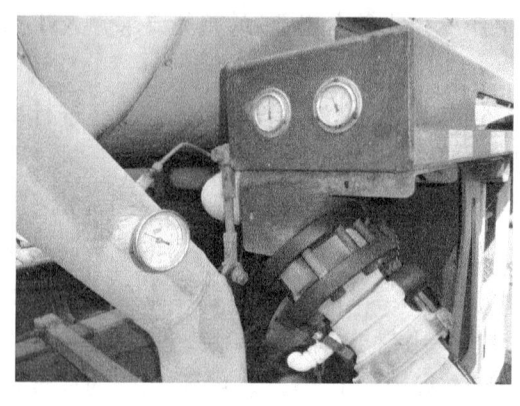

100psi时,管线工王某便举起榔头拆卸CO_2罐车之间的连接管线,现场指挥宋某看见后立即喊管线周围4人闪开,此时管线卸掉,管内余压导致管线横向甩起,由于保险绳发挥作用幸未造成人员受伤。

二、事故分析

(1)员工王某在压力没有彻底释放的情况下,违反操作规程带压拆卸管线。

(2)压裂指挥监管不到位,施工组织不严密。

(3)个别员工安全意识淡薄,操作中只重速度,对施工风险未给予足够重视。

三、安全启示

(1)施工前要召集安全会,并对施工时所要注意的事项进行技术交底。
(2)严禁管线内带压或结霜未融化时用榔头敲击和拆卸管线,防止管线因低温发生脆性断裂。
(3)管线的各连接部位必须加固安全钢索,压裂管线必须锚定,防止发生意外时管线飞出。
(4)在泄压放空过程中,严格控制排出流量,避免因液态CO_2转化成气态时急剧膨胀造成重大事故;在拆卸管线时人员不能朝向管线口,以免因管线内有干冰形成气堵等造成人员伤害。

第一节 风险控制的原则和方法

在石油行业的生产管理中,风险就是危险,任何潜在的风险都可能导致在石油勘探、开发

过程中发生事故。风险的大小可以用风险率来衡量,再根据风险率形成风险评价表。通过风险评价结果,对不同等级的风险采取不同的控制措施。

风险控制就是在现有技术、能力和管理水平下,利用工程技术、教育、管理手段消除、消减和控制危险源,防止事故的发生,减少事故造成的人员伤害和财产损失。

一、风险控制原则

风险控制的总体原则是基于风险预控匹配理论,即风险级别与预控级别相适应。具体方法为:Ⅰ级风险采取高级预控,Ⅱ级风险采取中级预控,Ⅲ级风险采取较低级预控,Ⅳ级风险采取低级预控(表2-1)。

表2-1 风险级别描述

风险等级		风险控制措施	实施期限
Ⅰ级	高度风险	采取紧急措施降低风险,建立运行控制程序,定期检查及评估	立即或近期整改
Ⅱ级	中等风险	在规定的时间内努力降低风险;可考虑建立改进操作规程,加强培训和监测	2年内整改
Ⅲ级	较低风险	不需要建立新的操作规程、作业指导书;如果需要建立要考虑建立的成本,建立后需定期检查监测	有条件、有经验时整改
Ⅳ级	低风险	保持现有的控制措施,无需增加新的控制措施	有条件、有经验时整改

(一)闭环控制原则

在企业管理中,必须把整个管理对象看成一个有机整体,建立起合理、科学和系统的管理体系,并有效地运行管理体系。系统管理是指管理企业的信息技术系统,包括收集要求,购买设备和软件,将其分发到使用的地方,配置、使用改善措施和服务更新维护,设置问题处理流程,以及判断是否满足目的。在管理系统中,PDCA循环是美国质量管理专家休哈特博士首先提出的,并由戴明采纳、宣传,获得普及,又称戴明环(视频2-1)。全面质量管理的思想基础和方法依据就是PDCA循环。PDCA循环的含义是将质量管理分为四个阶段,即计划(Plan)、执行(Do)、检查(Check)、处理(Act)。在质量管理活动中,要求把各项工作按照做出计划、计划实施、检查实施效果,然后将成功的纳入标准,不成功的留待下一循环去解决。这一工作方法是质量管理的基本方法,也是企业管理各项工作的一般规律。

视频2-1 戴明环原理

如图2-1所示,PDCA循环就是按照这样的顺序进行质量管理,并且循环不止地进行下去的科学程序。

计划(P),包括方针和目标的确定,以及活动规划的制定。

执行(D),即根据已知的信息,设计具体的方法、方案和计划布局,再进行具体运作,实现计划中的内容。

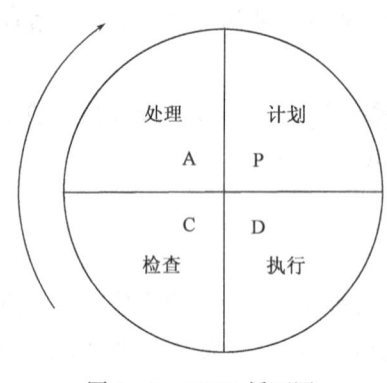

图 2-1 PDCA 循环图

检查(C),即总结执行计划的结果,分清哪些对哪些错,明确效果,找出问题。

处理(A),即对总结检查的结果进行处理,对成功的经验加以肯定,并予以标准化;对于失败的教训也要总结,引起重视。对于没有解决的问题,应提交给下一个 PDCA 循环中去解决。

以上四个过程不是运行一次就结束,而是周而复始地进行,一个循环结束,解决一些问题,未解决的问题进入下一个循环,这样阶梯式上升。

PDCA 循环是全面质量管理所应遵循的科学程序。全面质量管理活动的全部过程,就是质量计划的制订和组织实现的过程。用 PDCA 循环进行全面质量管理的循环模式如图 2-2 所示。

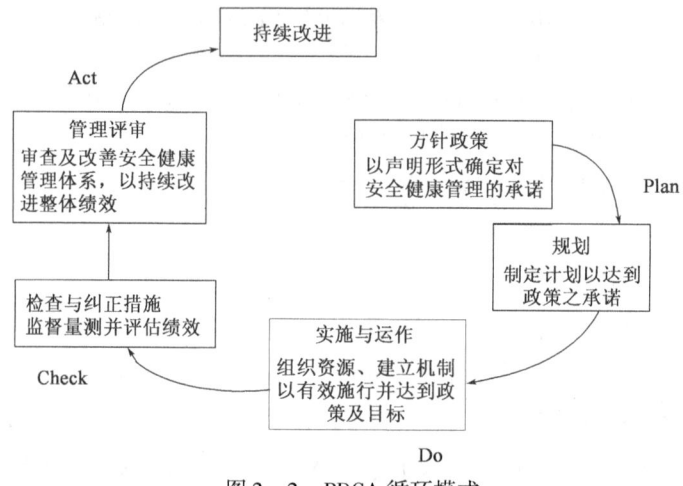

图 2-2 PDCA 循环模式

(二)动态控制原则

动态控制原则,也称动态组织的设计原则,是指当人员或岗位要求发生变化的时候,要适时地对人员配备进行调整,以保证始终使合适的人工作在合适的岗位上。动态控制原则主要考虑现场的变化、变更,适时正确地采用相应的控制措施。

(三)分级控制原则

分级控制原则,指根据危险源的分级、分类,按照组织结构层次,采取分级控制的原则,使得目标分解,责任分明,最终实现总体控制。

(四)多层次控制原则

多层次控制原则中通常包括六个层次:根本的预防性控制、补充性控制、防止事故扩大的预防性控制、维护性能的控制、经常性控制及紧急性控制。各层次采用随危险源性质不同而不同的控制措施,增加系统的可靠程度。

二、风险控制措施

风险控制措施的目的是降低损失频率和减小损失幅度,重点在于改变引起意外事故和过大损失的各种条件,制定和实施风险消减措施,把风险降到"合理、实际,并尽可能低"的水平,一般情况下,包括以下六种措施。

(一)消除措施

消除措施是最有效的方法,可以将风险完全去除,如采用无害工艺技术、实现自动化作业、遥控技术等。

(二)预防措施

当消除危险、有害因素有困难时,可采取预防性技术措施,如使用安全阀、安全屏护、漏电保护装置、安全电压、防爆膜、熔断器、事故排风装置等。

(三)减弱措施

在无法消除和难以预防的情况下,可采取减少危险、有害因素的减弱措施,如局部通风排毒装置、生产中以低毒性物质代替高毒性物质、降温、减振、使用消声装置等。

(四)隔离措施

隔离指将可能发生的风险与人员出现的区域进行隔离,如压裂施工规定高压区内不得站人,将人和高压区隔离开。

(五)替代措施

替代指用可实现目标的另一种较安全的措施替代风险较高的措施。如汽油易燃,使用储存汽油易引起火灾,故使用不易燃的柴油替代汽油,所以井下作业施工常使用柴油车辆。

(六)警告措施

警告指在易发生故障和危险性较大的地方,配置醒目的安全色、安全标志。

在任何情况下,都应根据当地的环境和条件、投资和效益回报、当前的科学技术,来制定和实施风险消减措施,把风险降到"合理、实际,并尽可能低"的水平,也就是说,让风险消减程度与风险消减过程的时间、难度和代价之间达到平衡。

三、风险控制方法

风险识别的范围必须覆盖生产过程中涉及的所有作业现场、设备设施、人员活动中能够控制或能够施加影响的因素,对涉及的存在的全部危险源与环境因素进行系统识别并有效控制。

(一)海因里希工业安全公理

海因里希把造成人的不安全行为和物的不安全状态的主要原因归结为四个方面的问题,即态度不正确、技术和知识不足、身体不适、工作环境不良。针对这四个方面的原因,海因里希提出工程技术改进、说服教育、人事调整和惩戒四种对策。这四种安全对策后来被归纳为众所周知的3E原则,即:

(1)工程技术(Engineering),即利用工程技术手段消除不安全因素,实现生产工艺、机械设备等生产条件的安全;

(2)教育(Education),即利用各种形式的教育和训练,使职工树立"安全第一"的思想,掌握安全生产所需的知识和技能;

(3)强制(Enforcement),即借助规章制度、法规等必要的行政乃至法律的手段约束人们的行为,也称管理。

工程技术对策着重解决物的不安全状态的问题;教育和强制对策则主要着眼于人的不安全行为的问题,教育对策主要使人知道应该怎么做,而强制对策则要求人必须怎么做。因此,海因里希提出了工业事故预防的十项原则,称为海因里希工业安全公理。

(1)在工业生产过程中,人员伤亡的发生,往往是处于一系列因果连锁末端的事故的结果;而事故常常起因于人的不安全行为或(和)物的不安全状态。

(2)人的不安全行为是大多数工业事故的原因。

(3)由于不安全行为而受到了伤害的人,他已经重复了几乎300次以上的这种不安全行为,只是之前没有造成伤害。换言之,人在受到伤害之前,已经数百次面临危险。

(4)在工业事故中,人受到伤害的严重程度具有随机性。大多数情况下,人在事故发生时可以免遭伤害。

(5)人产生不安全行为的主要原因有:不正确的态度或行为习惯;缺乏知识或操作不熟练;身体状况不佳;物的不安全状态及不良的物理环境。

(6)防止工业事故的四种有效的方法是:工程技术方面的改进;对人员进行说服、教育;人员调整;惩戒。

(7)预防事故的方法与企业生产管理、成本管理及质量管理的方法类似。

(8)企业领导者有进行事故预防工作的能力,并且能把握进行事故预防工作的时机,因而应该承担预防事故工作的责任。

(9)专业安全人员及车间干部、班组长是预防事故的关键,他们工作的好坏对能否做好事故预防工作有很大影响。

(10)除了人道主义动机之外,下面两种强有力的经济因素也是促进企业事故预防工作的动力:安全的企业生产效率高,不安全的企业生产效率低;事故后用于赔偿及医疗费用的直接经济损失,只不过占事故总经济损失的五分之一。

（二）事故预防工作五阶段模型

（1）建立健全事故预防工作组织，形成由企业领导牵头的包括安全管理人员和安全技术人员在内的事故预防工作组织，并切实发挥其效能。

（2）通过实地调查、检查、观察及对有关人员的询问，认真地判断、研究，以及对事故原始记录反复研究，收集第一手资料，找出事故预防工作中存在的问题。

（3）分析事故及不安全问题产生的原因，包括弄清伤亡事故发生的频率、严重程度、场所、工种、生产工序、有关的工具、设备及事故类型等，找出其直接原因和间接原因、主要原因和次要原因。

（4）针对分析事故和不安全问题得到的原因，选择恰当的改进措施，包括工程技术改进、对人员说服教育、人员调整、制定及执行规章制度等。

（5）实施改进措施。通过工程技术措施实现机械设备、生产作业条件的安全，消除物的不安全状态；通过人员调整、教育、训练，消除人的不安全行为；同时，在实施过程中要进行监督。

（三）人失误控制

人失误是指人的行为结果偏离了规定的目标，或超出了可接受的界限，并产生了不良的后果，人失误模型如图2－3所示。一般来讲，人的不安全行为是操作者在生产过程中发生的、直接导致事故的人失误，是人失误的特例。

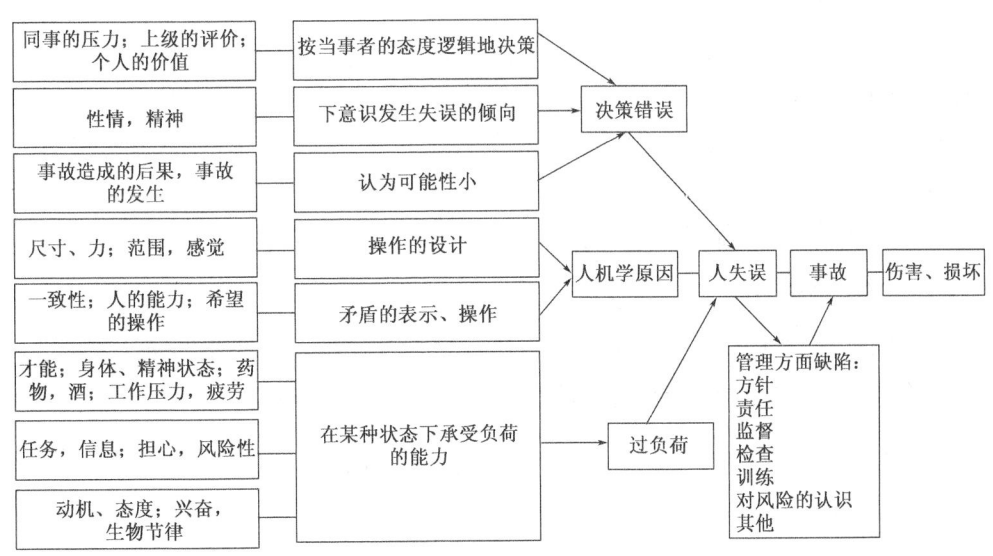

图2－3 人失误模型

为防止事故发生，可以从三个层次采取措施防止人失误：一是控制、减少可能引起人失误的各种原因，防止出现人失误；二是在一旦发生了人失误的场合，使人失误不至于引起事故，即使人失误无害化；三是在人失误引起了事故的情况下，限制事故的发展，减小事故损失。

防止人失误的技术措施有：

(1)用机器代替人。机器的故障率一般为 $10^{-4} \sim 10^{-6}$，人的故障率一般为 $10^{-2} \sim 10^{-3}$。

(2)冗余系统。冗余是把若干元素附加到系统基本元素上来提高系统可靠性的方法。附加上去的元素称作冗余元素，含有冗余元素的系统称作冗余系统。

(3)耐失误设计，指通过精心的设计使得人员不能发生失误或者即使发生失误了也不会带来事故等严重后果的设计。具体方法有：①利用不同的形状或尺寸防止安装、连接操作失误；②采用联锁装置防止人员误操作紧急停车；③采取强制措施迫使人员不能发生操作失误；④采用联锁装置使人失误无害化。

(4)安全教育与技能训练。安全教育与技能训练是防止职工产生不安全行为、防止人失误的重要途径。安全教育的三个阶段是安全知识教育、安全技能教育、安全态度教育。

(5)其他管理措施，如合理安排工作任务、建立良好的企业文化、持证上岗等。

(四)壳牌公司后退五步法

壳牌公司后退五步法是一个程序，它鼓励员工在开始工作之前识别所有与工作任务有关系的危害因素，原则是动手之前先动脑，理念是1分钟的安全比60分钟的恢复要好。具体要求为：从工作中后退五步，在开始之前花5分钟辨识危害因素，并提出相应控制措施。

1.第一步(工作前)

(1)停下来,想一想；

(2)观察工作区域的周围环境；

(3)想一想工作程序；

(4)思考在工作区域内或周围会发生什么；

(5)确定哪里会出问题；

(6)直到自己对危害控制措施满意后再开始工作。

2.第二步(工作期间)

(1)长时间工作,中间需要有暂停时间,以便对工作环境和有关危害因素重新观察；

(2)工作告一段落或正常中断,应重新思考完成工作的安全问题。

3.第三步(工作以后)

(1)观察工作环境；

(2)对工作中产生的危害因素进行控制；

(3)反思工作中的得失,检验头脑中工作计划的正确性；

(4)工作中自己感到安全吗？

(5)其他人感觉工作安全吗？

(6)能否对工作进行改进？

4. 第四步(工作回顾)

(1)昨天是否每个人工作都是安全的?

(2)如果安全,那么是如何保证安全的?

(3)如果不安全,是什么原因导致的?

(4)如何进一步提高安全性?

5. 第五步(保持这个传统的活力)

(1)班前会:提醒工作人员可能出现的危害因素;要多花点时间把工作放在头脑中过一遍;认真辨识危害因素,并花时间控制;与同伴分享信息;

(2)收工会:分享工作中遇到的危害因素或其他问题;讨论工作中发现的意外事件及解决方法;讨论未完成的工作,以便告知下一班人员。

第二节 石油 HSE 管理体系及风险识别

一、石油 HSE 管理体系概述

(一)石油 HSE 管理体系的思想及目标

现代安全科学认为,每一起伤亡事故的发生,都是由于人的不安全行为、物的不安全状态和管理上的缺陷所致。

石油 HSE 体系的基本思想:所有事故都是可以认识的;所有事故都是可以预防的;所有事故都是可以避免的。

石油 HSE 管理体系的追求:001 目标,即零事故、零污染、一流企业。

(二)石油 HSE 管理体系的特点

(1)石油 HSE 管理体系是一个以领导对 HSE 方针和宏观目标的承诺为核心,以组织机构、资源和文件为支持,以防止事故和降低危害为重点,以持续改进为要求的体系。

(2)石油 HSE 管理体系是由管理思想、制度和措施联系在一起构成的,这种联系不是简单的组合,而是一种有机的、相互关联和相互制约的联系。

(3)石油 HSE 管理体系是与企业现有的先进管理体系有机结合的。

二、建立和实施 HSE 管理体系基本框架

各企业的 HSE 管理体系有自己的特点,但要素和结构相似。各企业都应结合自己的实际情况,根据企业现有的管理制度及管理体系,融入与本专业相关的内容,设计和建立起具有本企业特色的 HSE 管理体系。

（一）指导原则

HSE 管理体系是一个动态的、需要不断发展和完善的体系,建立和实施 HSE 管理体系的指导原则有以下几点。

1. 继承和发展的原则

建立 HSE 管理体系是完善而不是取代现有的行之有效的安全生产管理制度。

2. 第一责任人的原则

企业的最高管理者是 HSE 管理体系的第一责任人,对 HSE 管理体系应有形成文件的承诺,并确保这些承诺转变为人、财、物等资源的支持。

3. 全员参与的原则

HSE 管理体系规定了各级组织和人员的职责,强调各级组织和全体员工必须落实 HSE 职责。

4. 重在预防的原则

在 HSE 管理体系中,风险评价和隐患治理、承包商和供应商管理、装置(设施)设计和建设、运行和维修、变更管理和应急管理这五个要素,都体现了超前管理,重在预防。

5. 强化考核的原则

要求各级建立 HSE 业绩管理及监督考核程序,对管理层成员 HSE 业绩进行考核,并与经济责任制相挂钩。

6. 持续改进的原则

HSE 管理体系的若干个要素形成了计划→执行→检查→处理四个阶段,即 PDCA 循环,要求持续改进,不断完善 HSE 管理体系,实现 HSE 管理的动态循环。

7. 以人为本的原则

HSE 管理体系强调人的行为对事业成功至关重要,因此要建立培训系统并对人员技能及其能力进行评价,以保证 HSE 水平的提高。

8. 一体化管理的原则

通过一体化管理,使企业的经济效益、社会效益和环境效益有机地结合在一起。

9. 独立审核的原则

HSE 管理体系要求企业下属企业应按适当的时间间隔对 HSE 管理体系进行审核和评审,以确保其持续的适应性和有效性。

（二）流程

HSE 管理体系是企业建立和实施 HSE 管理的依据和要求,是在企业现有的各种有效的健康、安全、环境管理组织结构、程序、过程及资源的基础上建立起来的,并按 HSE 管理体系标准的要求加以规范和补充。HSE 管理体系建立的流程主要有以下六个。

1. 领导决策与准备

领导决策与准备包括最高管理者的承诺、任命 HSE 管理代表、提供资源保障。

2. 初始风险评价

初始风险评价,是指企业确定其现有的 HSE 状况,或者说,在企业建立 HSE 管理体系之前,对本企业的 HSE 问题、HSE 危险有害因素、HSE 影响、HSE 行为及有关管理、控制活动所进行的初始综合分析和系统评价。HSE 初始风险评价的目的是确定企业现有的 HSE 状况。

3. 体系策划与设计

在组织领导和资源保障确定的前提下,依据初始风险评价制定 HSE 的承诺,确定 HSE 方针和战略目标,最后建立 HSE 体系的总体设计方案,落实 HSE 组织机构和部门职责。在方案设计内容与步骤方面,主要参考以下内容编制:

(1) 对比分析管理实际与标准的差异;
(2) 确定企业活动的类别与层次,确定文件体系结构,编制体系设计草案;
(3) 明确划分部门与部门之间、企业与所属单位之间的 HSE 职能及权限;
(4) 确定要调整或需要协调的相关分工与责任;
(5) 讨论体系方案设计;
(6) 提交最高管理者审批。

4. HSE 管理体系文件编制

HSE 管理体系文件是 HSE 管理体系中的重要部分,其文件体系设计原则主要有:依据 HSE 标准、有关国家政策、法律法规、技术标准,结合公司的财力、物力、现有技术水平、人员素质及生产经营实际;依据初评报告、内部管理、危害因素影响调查及 HSE 现状。

文件体系的内容有:

(1) HSE 管理体系的管理机构设置与职责;
(2) HSE 管理体系设计的依据和总体指导思想;
(3) 根据企业的管理行为和生产经营过程进行程序文件和作业文件的开发,并提出文件编写的控制要点;
(4) 文件编写原则、格式、内容和各种记录表格的设计及管理手册的编写要求;
(5) 程序文件和作业文件一览表等。

HSE 管理体系的文件层次设计如图 2-4 所示。

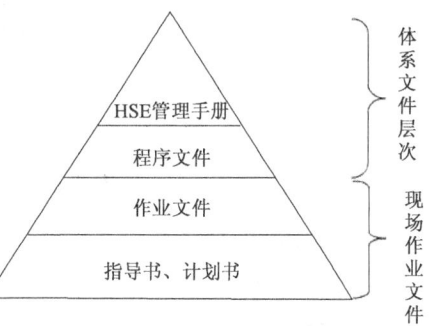

图 2-4 HSE 管理体系的文件层次

5. 体系试运行

当 HSE 管理体系编制完成后,在正式公布运行前,应当有一段时间的试运行阶段,以对不完善甚至错误的地方进行改善。

6. 内部审核及管理评审

HSE 管理体系在试运行结束后,提交内部 HSE 管理委员会进行内部审核及管理评审工作,通过后,在企业内部开始运行。

三、国内外石油公司 HSE 管理体系的基本框架

(一)中国石油天然气集团有限公司 HSE 管理体系基本框架

中国石油天然气集团有限公司(以下简称中石油)的 HSE 管理体系参考 SY/T 6276—2014 制订,其基本框架如图 2-5 所示。

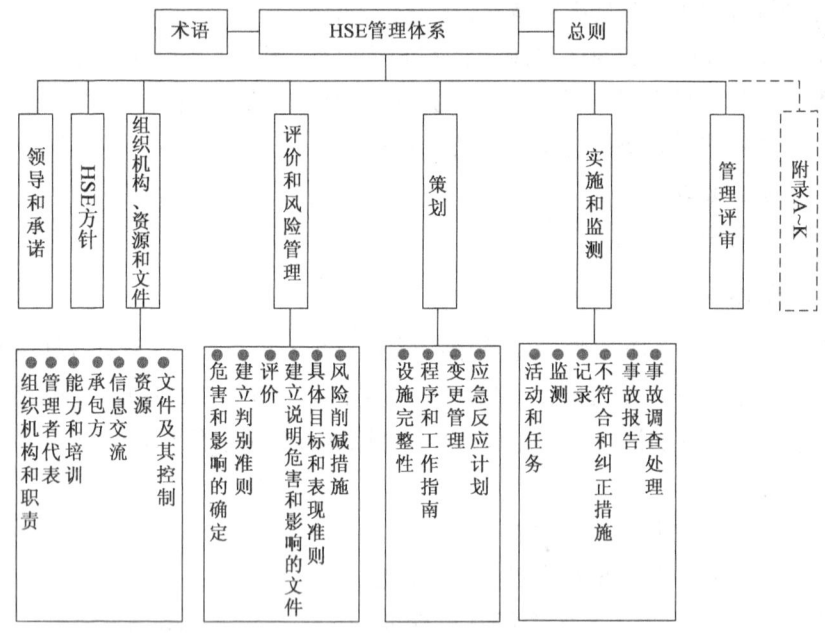

图 2-5 中石油 HSE 管理体系基本框架

该框架中共包含 7 个一级要素,23 个二级要素,分别是:

(1)领导和承诺;

(2)HSE 方针;

(3)组织机构、资源和文件(7 个二级要素);

(4)评价和风险管理(6 个二级要素);

(5)策划(4个二级要素);

(6)实施和监测(6个二级要素);

(7)管理评审。

中石油 HSE 管理体系的核心部分是领导和承诺、HSE 方针,承诺是 HSE 管理的基本要求和动力,自上而下的承诺和企业 HSE 文化的培育是体系成功实施的基础。HSE 方针也是核心部分,它是对 HSE 管理的意向和原则的公开声明,体现了组织对 HSE 管理的共同意图、行动原则和追求。

中石油 HSE 管理体系的支持条件部分是组织机构、资源和文件,良好的 HSE 表现所需的组织结构、资源和文件是体系实施和不断改进的支持条件。这部分虽然也参与循环,但通常具有相对的稳定性,是做好 HSE 工作必不可少的重要条件,通常由高层管理者或相关管理人员制订和决定。

中石油 HSE 管理体系的循环链部分是策划、评价和风险管理、实施和监测、管理评审及持续改进。其中策划是指具体的 HSE 行动计划,包括计划变更和应急反应计划等。评价和风险管理是指对 HSE 关键活动、过程、设施的风险的确定和评价,以及风险控制措施的制定。实施和监测是指对 HSE 责任、活动的实施和监测,以及必要时所采取的纠正措施。管理评审是指对体系、过程、程序的表现、效果及适应性的定期评价。持续改进虽然在 HSE 管理体系中未明确提出,但它是保持 HSE 管理体系活力的关键。

在所有要素中,领导和承诺是重点;HSE 方针是方向;组织机构、资源和文件是支持;策划、实施和监测、评价和风险管理、管理评审构成 PDCA 循环。

(二)中国石油化工集团有限公司 HSE 管理体系框架

中国石油化工集团有限公司(以下简称中石化)HSE 管理体系框架如图 2-6 所示。

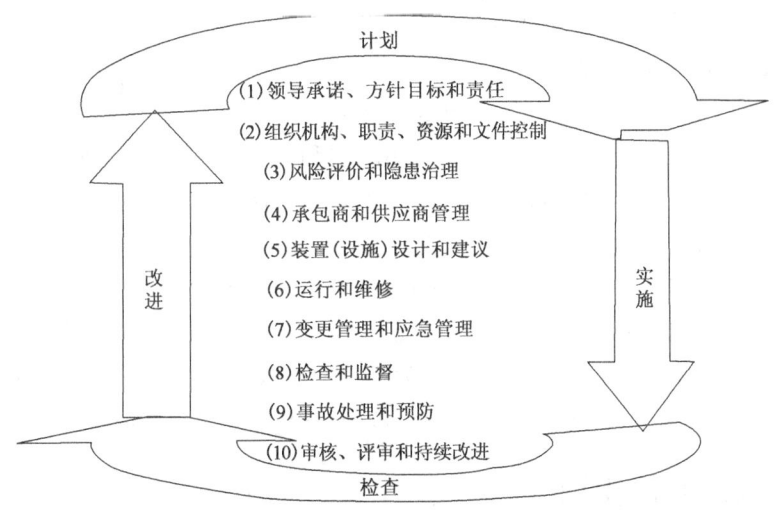

图 2-6 中石化 HSE 管理体系框架

中石化 HSE 管理体系一共有 10 大要素,分别是:领导承诺、方针目标和责任;组织机构、职责、资源和文件控制;风险评价和隐患治理;承包商和供应商管理;装置(设施)设计和建设;运行和维修;变更管理和应急管理;检查和监督;事故处理和预防;审核、评审和持续改进。

(三)壳牌公司 HSE 管理体系框架

壳牌公司 HSE 管理体系框架如图 2-7 所示。

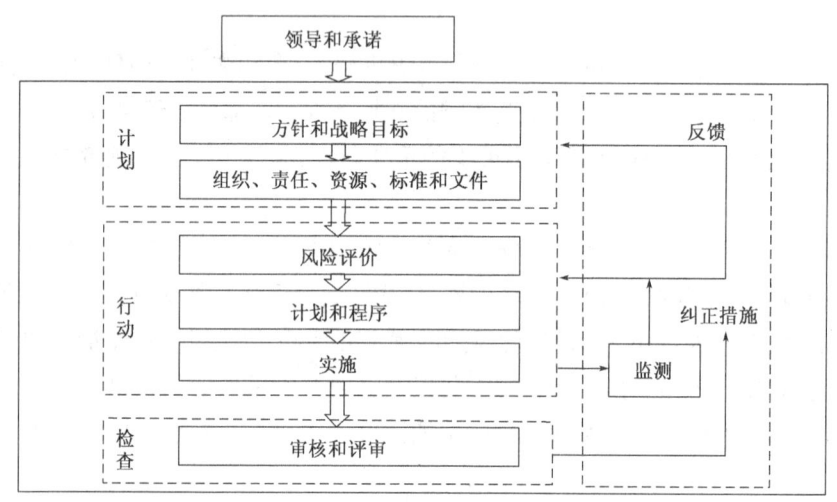

图 2-7 壳牌公司 HSE 管理框架

壳牌公司是世界四大跨国石油公司之一,20 世纪 60 年代至今,壳牌公司一直致力于 HSE 管理体系的演变与完善,经过数十年的发展,目前已形成了一套行之有效且独具特色的体系文化,受到国际社会的广泛推崇。壳牌公司的 HSE 承诺和方针主要围绕以下方面:

(1)关注作业安全,关注与作业直接相关人员和作业外人员的安全;
(2)制定相应的健康、环境、安全标准;
(3)寻求 HSE 绩效的持续改进;
(4)承诺不在世界自然遗产处进行油气勘探开采。

在此框架下,壳牌公司特别强调了一些关键原则和责任:一是总裁(执行董事)负整体责任;二是 HSE 为执行部门的责任,部门经理和员工对其所从事工作的安全、健康和环境负责;三是 HSE 部门为其公司(项目)提供专业性支持,准备 HSE 管理体系,提供专业性 HSE 培训,支持项目管理层,协调年度 HSE 计划,准备审计和审查;四是有一个整体的 HSE 委员会,一般由甲方、乙方管理员和经理组成,定期开会;五是风险按合理可行、尽可能低的原则(ALARP)管理;六是规定所有事件,包括未遂事件都应报告;七是必须每季度向壳牌公司报告 HSE 数据,包括工时、死亡、损失工时事故、重大的未遂事件、职业健康、泄漏、浪费(危险的和无危险的)。

四、石油 HSE 风险识别

石油 HSE 风险识别是指用先进的科学技术手段和方法,系统地找出油气生产作业中显在或潜在的 HSE 危险、有害因素。识别风险、认识风险的目的在于有针对性地制定防范风险的对策措施,从而控制、消减风险。

(一)危险、有害因素概述

在进行风险识别之前,首先要知道什么是危险因素和有害因素。危险因素是指能对人造成伤亡或对物造成突发性损害的因素;有害因素是指能影响人的身体健康,导致疾病,或对物造成慢性损害的因素。

危险因素与有害因素具有一定的区别:危险因素强调突发性和瞬间作用,有害因素强调在一定时间范围内的积累作用。

危险、有害因素是指可对人造成伤亡、影响人的身体健康甚至导致疾病的因素。

所有的危险、有害因素尽管表现形式不同,但从本质上讲,之所以能造成危险、有害的后果,都可归结为两方面因素的综合作用:一是存在危险有害物质、能量;二是危险有害物质、能量失去控制,并导致危险有害物质泄漏、散发和能量意外释放。

危险有害物质和能量失控主要体现在三个方面:一是人的不安全行为;二是物的不安全状态;三是管理缺陷。

(二)危险、有害因素分类

对危险、有害因素进行分类,是为了便于对危险、有害因素进行分析与识别。危险、有害因素分类的方法有多种,下面对其简要介绍。

1. 按危险、有害因素的性质分类

按生产过程中危险、有害因素的性质(参考 GB/T 13861—2009《生产过程危险和有害因素分类与代码》)分为以下几类:

(1)人的因素。心理和生理性危险、有害因素包括以下 6 项:①负荷超限;②健康状况异常;③从事禁忌作业;④心理异常;⑤辨识功能缺陷;⑥其他心理、生理性危险、有害因素。行为性的危险有害因素包括以下 4 项:①指挥错误;②操作失误;③监护失误;④其他行为性危险、有害因素。

(2)物的因素。物理性危险、有害因素包括以下 15 项:①设备、设施、工具、附件缺陷;②防护缺陷;③电伤害;④噪声;⑤振动危害;⑥电离辐射;⑦非电离辐射;⑧运动物伤害;⑨明火;⑩高温物质;⑪低温物质;⑫信号缺陷;⑬标志缺陷;⑭有害光照;⑮其他物理性危险、有害因素。化学性危险、有害因素包括以下 10 项:①爆炸品;②压缩气体和液化气体;③易燃液体;④易燃固体、自燃物品和遇湿易燃物品;⑤氧化剂和有机过氧化物;⑥有毒品;⑦放射性物品;⑧腐蚀品;⑨粉尘与气溶胶;⑩其他化学性危险、有害因素。生物性危险、有害因素包括以下 5 项:①致病微生物;②传染病媒介物;③致害动物;④致害植物;⑤其他生物性危险、有害因素。

(3)环境因素。室内作业场所环境不良包括以下 15 项:①室内地面滑;②室内作业场所狭窄;③室内作业场所杂乱;④室内地面不平;⑤室内梯架缺陷;⑥地面、墙和天花板上的开口缺陷;⑦房屋基础下沉;⑧室内安全通道缺陷;⑨房屋安全出口缺陷;⑩采光照明不良;⑪作业场所空气不良;⑫室内温度、湿度、气压不适;⑬室内给、排水不良;⑭室内涌水;⑮其他室内作业场所环境不良。室外作业场所环境不良包括以下18项:①恶劣气候与环境;②作业场地和变通设施湿滑;③作业场地狭窄;④作业场地杂乱;⑤作业场地不平;⑥航道狭窄、有暗礁或险滩;⑦脚手架、阶梯和活动梯架缺陷;⑧地面开口缺陷;⑨建筑物和其他结构缺陷;⑩门和围栏缺陷;⑪作业场地基础下沉;⑫作业场地安全通道缺陷;⑬作业场地安全出口缺陷;⑭作业场地光照不良;⑮作业场地空气不良;⑯作业场地温度、湿度、气压不适;⑰作业场地涌水;⑱其他室外作业场地环境不良。

(4)管理因素,主要有以下6项:①职业安全卫生组织机构不健全;②职业安全卫生投入不足;③职业安全卫生责任制未落实;④职业健康管理不完善;⑤职业安全卫生管理规章制度不完善;⑥其他管理因素缺陷。

2. 参照《企业职工伤亡事故分类》进行分类

参照《企业职工伤亡事故分类》(GB 6441—1986),综合考虑起因物、引起事故的诱导性原因、致害物、伤害方式等,将事故分为20类。

(1)物体打击,指物体在重力或其他外力的作用下产生运动,打击人体造成人身伤亡事故,不包括因机械设备、车辆、起重机械、坍塌等引发的物体打击。

(2)车辆伤害,指企业机动车辆在行驶中引起的人体坠落和物体倒塌、下落、挤压伤亡事故,不包括起重设备提升、牵引车辆和车辆停驶时发生的事故。

(3)机械伤害,指机械设备运动(静止)部件、工具、加工件直接与人体接触引起的夹击、碰撞、剪切、卷入、绞、碾、割、刺等伤害,不包括车辆、起重机械引起的机械伤害。

(4)起重伤害,指各种起重作业(包括起重机安装、检修、试验)中发生的挤压、坠落(吊具、吊重)物体打击和触电。

(5)触电,包括雷击伤亡事故。

(6)淹溺,包括高处坠落淹溺,不包括矿山、井下透水淹溺。

(7)灼烫,指火焰烧伤、高温物体烫伤、化学灼伤(酸、碱、盐、有机物引起的体内外灼伤)、物理灼伤(光、放射性物质引起的体内外灼伤),不包括电灼伤和火灾引起的烧伤。

(8)火灾。

(9)高处坠落,指在高处作业中发生坠落造成的伤亡事故,不包括触电坠落事故。

(10)坍塌,指物体在外力或重力作用下,超过自身的强度极限或因破坏结构稳定性而造成的事故,如挖沟时的土石塌方、脚手架坍塌、堆置物倒塌等,不包括矿山冒顶片帮和车辆、起重机械、爆破引起的坍塌。

(11)冒顶片帮。

(12)透水。

(13)放炮,指爆破作业中发生的伤亡事故。

(14)火药爆炸,指火药、炸药及其制品在生产、加工、运输、储存时发生的爆炸事故。

(15)瓦斯爆炸。

(16)锅炉爆炸。

(17)容器爆炸。

(18)其他爆炸。

(19)中毒和窒息。

(20)其他伤害。

3. 按职业健康分类

参照卫生部、劳动人事部、中华全国总工会等颁发的《职业病范围和职业病患者处理办法的规定》,将危险、有害因素分为7类:

(1)生产性粉尘;

(2)毒物;

(3)噪声与振动;

(4)高温;

(5)低温;

(6)辐射(电离辐射、非电离辐射);

(7)其他危险、有害因素。

4. 按环境影响因素分类

环境污染有各种类型,按污染产生的原因可分为生产污染和生活污染,生产污染又可分为工业污染、农业污染、交通污染等;按环境要素可分为大气污染、水体污染和土壤污染等;按污染物的性质可分为生物污染、化学污染和物理污染(噪声、放射性、热污染、电磁波等);按污染物的形态可分为废气污染、废水污染和固体废物污染,以及噪声污染、辐射污染等。

一般在工业活动中进行环境危害辨识,主要按污染物的形态分类识别。根据HSE管理体系的要求,有关环境的危险、有害因素可分为以下6类:

(1)向大气的排放;

(2)向水体的排放;

(3)废物管理;

(4)土地污染;

(5)原材料与自然资源的使用;

(6)其他当地环境问题和社区性问题。

(三)危险、有害因素识别

1. 识别方法

(1)直观经验法,适合于有可供参考先例、有以往经验可以借鉴的危险、有害因素识别过程,不能应用在没有先例的新系统中。

(2)对照、经验法,指对照有关标准、法规、检查表或依靠分析人员的观察分析能力,借助于经验和判断能力对评价对象的危险、有害因素进行分析的方法。

(3)类比方法,指利用相同或相似工程系统、作业条件的经验和劳动安全卫生的统计资料来类推、分析评价对象的危险、有害因素。

(4)系统安全分析方法,指应用系统安全评价方法进行危险、有害因素识别,常用于复杂系统和没有事故经验的新开发系统。

危险、有害因素的识别方法,应根据分析对象的性质、特点和分析人员的知识经验及习惯来选用。危险、有害因素的识别就是找出可能引发事故导致不良后果的材料、系统、生产过程或工程的特征,并辨识可能发生的事故后果。

在进行危险、有害因素的识别时,要全面、有序地进行,防止出现漏项,宜从厂址、总平面布置、道路运输、建(构)筑物、生产工艺、生产设备装置、作业环境、安全措施管理等几方面进行。危险、有害因素的识别过程实际上就是系统安全分析的过程。

2. 环境风险识别

环境风险是指由自然活动或人类活动的叠加引起的,通过环境介质传播的,对人类与环境产生破坏、损失乃至毁灭性作用等不利后果的事件发生的概率和不利后果的综合。环境风险具有不确定性和危害性。

环境风险分布广泛,复杂多样,按其成因可分为化学风险、物理风险和自然灾害引发的风险。

对于环境风险,一般按环境因素的分类进行识别,如废气污染、废水污染、固体废物污染、噪声污染、放射性污染,同时还应对社区性环境问题进行识别。

3. 重大危险源的识别

重大危险源是指长期地或临时地生产、加工、使用或储存危险物质,且危险物质的数量等于或超过临界量的单元。

单元指一套生产装置、设施或场所,或同属一个工厂的且边缘距离小于500m的几个(套)生产装置、设施或场所,不包括核设施、军事设施及设施现场之外的非管道。

危险物质指能导致火灾、爆炸或中毒、触电等危险的一种或若干物质的混合物。

临界量指对于某种或某类危险物质规定的数量,若单元中的物质数量等于或超过该数量,则该单元定为重大危险源。

1)重大危险源分类

一般工业生产作业过程的重大危险源可分为如下7类:

(1)易燃、易爆、有毒物质的储罐区;

(2)易燃、易爆、有毒物质的库区(如火药、弹药库)、毒性物质库,易燃、易爆物品库;

(3)具有火灾、爆炸、中毒危险的生产场所;

(4)企业危险建(构)筑物;

(5)压力管道,包括工业管道、公用管道、长输管道;

(6)锅炉,包括蒸汽锅炉和热水锅炉;

(7)压力容器。

重大危险源也可分为生产场所重大危险源和储存区重大危险源两种。

2)重大危险源的识别标准

(1)单元内存在的危险物质为单一品种,则该物质的数量即为单元内危险物质的总量,若等于或超过相应的临界量,则定为重大危险源。

(2)单元内存在的危险物质为多品种时,则按式(2-1)计算,若满足式(2-1),则定为重大危险源。

$$\sum_{i=1}^{n} \frac{q_i}{Q_i} \geq 1 \qquad (2-1)$$

式中 q_i ——每一种危险物品的实际储存量;

Q_i ——对应危险物品的临界量。

第三节 "两书一表"

一、"两书一表"概述

HSE作业指导书、HSE作业计划书和HSE现场检查表简称"两书一表",是HSE管理体系在基层的文件化表现,是适应国内外市场需要、建立现代企业制度、增强队伍整体竞争能力的重要组成部分("两书一表"之间关系见表2-2)。

表2-2 HSE"两书一表"关系对照表

	HSE作业指导书	HSE作业计划书	HSE现场检查表
编制的组织	由公司或分公司组织,经管理层审核批准后发布实施	由项目部或基层队(站)组织编制	由公司或分公司组织,针对指导书和计划书要求分级编制,是指导书和计划书的支持文件;指导书和计划书要求的检查内容发生变化时,检查表随之修订和变化;操作性强,简单直观;检查表应存档保管
应用范围	公司或分公司内所有常规作业活动	项目部或基层队(站)具体的作业活动	
主要内容	涉及所有基层岗位和作业活动,包括岗位任职条件、岗位职责、岗位操作规程、巡回检查路线及主要检查内容、应急处置程序等	对指导书中没有涉及风险的识别,简单、具体、实用,对指导书进行补充	
文件变化程度	相对固定、静态,一般变动不大	变化、动态、阶段性文件	
修改周期	随内部审核和管理评审进行修订	随项目或作业活动变化而编制新的计划书	
文件大小	文件多、厚,一般都装订成册,甚至有分册	文件简单、薄、单行材料(可简单成一张纸)	
支持性	接受计划书和检查表支持	指导书的支持文件	
应急要求	一般程序规定	具体的应急计划或预案	

HSE作业指导书(以下简称指导书)是对常规作业的HSE风险的管理。它通过对常规作业中风险的识别、评估、消减或控制等风险管理,对各类风险制定对策措施,并由此修改、完善相应的规程、制度等,变成相对固定的指导现场作业全过程的HSE管理文件。

HSE作业计划书(以下简称计划书)是针对变化了的情况,由基层组织结合具体施工作业情况和所处环境等特定条件,为满足新项目作业的动态风险管理要求,在进入现场或从事作业前所编制的HSE具体作业文件。编制计划书的基础是指导书,计划书主要针对指导书中没有涉及的内容,即对由于人、机、料、法、环的变更而引发的新增风险进行动态管理。

HSE现场检查表(以下简称检查表)是执行HSE管理检查制度的必要工具,针对不同检查项目和要求编制不同的检查表格。它涵盖指导书与计划书的主要检查要求和检查内容,并与之相对应,根据施工作业现场具体情况,事先精心设计。

"两书一表"同属HSE管理体系中的作业文件层次。其中,指导书主要用来规范基层岗位员工的操作行为,通过强化"规定动作",减少并最终杜绝"自选动作",实现对专业常规作业风险的管理,即指导书主要是用于规范基层岗位员工安全行为的作业文件;计划书是对具体项目或活动的新增风险的动态管理,它既具有防范人员的不安全行为的效力,也具有控制物的不安全状态的作用;检查表则是实现对设备、设施及施工作业现场安全状态检查或确保管理的设备、设施等的安全,从而达到对物的不安全状态控制。

总之,通过推行"两书一表"管理,使基层岗位员工树立岗位风险意识,不断强化和规范基层队、车间、班组的HSE风险管理,提升施工作业现场的HSE管理水平,保护职工身心健康和安全,推进企业清洁生产,同时也能增强服务队伍参与国内外市场的竞争实力。实践证明"两书一表"是实现HSE管理体系文件在基层"落地"与"生根"的一种有效途径,HSE"两书一表"的实施,使HSE管理体系在基层组织得到有效运行,提高了基层组织HSE风险管理水平,建立起基层组织HSE管理体系运行模式,对推动整个HSE管理体系的实施发挥了很好的作用。

二、指导书

(一)指导书的特点

指导书是规范基层岗位员工常规操作行为的工作指南,是对与基层岗位员工操作行为相关作业文件的总称,因此,指导书不是另立炉灶,不是再制定一套新的制度、规程,而是把现行制度、规程等规范员工操作行为的相关作业文件,在对其有关不适应的内容进行修改、完善后的汇总。其目的就是方便员工学习、参考,从而强化员工对"规定动作"的执行,避免"自选动作"的发生。因此,执行指导书,就是执行规章制度,履行操作规程。因此,只要员工按照指导书去做,也就是在执行规章制度,履行操作规程,这样,就能够控制常规作业风险。

指导书是对常规作业HSE风险的控制。由于常规作业HSE风险是相对稳定的,只要工艺、技术、设备设施等不发生变化,防控措施就不发生变化(如果只是临时性变化,则应通过计划书防控,而不是由指导书控制),因此,指导书就是相对稳定的。

(二)指导书的编制

1. 编制原则

指导书主要体现 HSE 管理中"共同性""普通性""通用性""指导性"原则,贯彻 HSE 管理体系及相关法律、法规要求,落实岗位 HSE 职责,消减和控制岗位 HSE 风险。一般来说,井下作业地域性强,因此 HSE 指导书内容相对固定或"静态"不变。

2. 编制要求

指导书的编制应在企业或企业所属二级生产技术部门牵头组织下,人事、企管法规、生产、技术、设备、工艺、标准及安全环保等相关职能部门参加,组成编制工作组,进行编制。编制时,首先对基层组织现有的操作规程、规章制度等相关作业文件进行清理,然后按照指导书的内容要求进行汇总和整合。要根据对常规风险的辨识、评估等制定出风险消减与控制措施,对现有的操作规程、规章制度等相关作业文件进行修改、充实和完善。

3. 编制步骤

1) 评估现状

(1) 评估人员能力,包括:人员名单,现有人员能力素质评价,人员风险。

(2) 评估设备、设施状况,包括:设备清单,现有设备状况评价,设备设施风险。

(3) 评估工艺及原辅料使用,包括:工艺图,流程图,原辅料消耗清单,工艺、原材料风险。

(4) 评估环境状况,包括:位置图,逃生路线,环境风险。

(5) 评估规章制度,包括:规章制度清单,有效文本。

2) 定岗定员

(1) 明确岗位任职条件,包括:管理岗,操作岗,关键岗,一般岗。

(2) 评价人员能力,消减人员风险。

(3) 明确岗位职责:遵循"属地管理"原则。

3) 汇编操作规程

(1) 划分操作单元,有以岗位为单位、以工序为单位和综合三种方式。

(2) 分析操作行为风险。

(3) 收集、汇总国标、行标、企标、惯例、规范要求。

(4) 汇编操作规程,覆盖所有作业。

4) 明确检查标准

(1) 收集检查标准要求。

(2) 明确检查路线、具体检查点项,按岗位先后顺序,避免重复交叉。

(3) 规范、明确检查内容和标准,尽可能量化描述。

5）汇总应急预案

(1)确定重点风险。

(2)明确应急组织。

(3)调查外部应急电话。

(4)明确应急处置动作、方法、程序、措施。

4．主要内容

(1)岗位职责；

(2)岗位操作规程；

(3)巡回检查路线及主要检查内容；

(4)应急处置程序。

5．注意事项

(1)指导书应根据基层组织的性质编制,同一类型的基层组织可以编制一类指导书。应在企业或企业所属二级生产技术部门牵头组织下,人事、企管法规、生产、技术、设备、工艺、标准及安全环保等相关职能部门参加,成立指导书编制工作组。

(2)由于各企业试油(气)队、小修队及大修队岗位设置机构和名称不尽统一,企业或企业所属二级单位应根据本单位实际情况,参照本模板的要求,编制本单位的指导书。

(3)编写指导书时,应按照岗位任职条件、岗位职责、岗位操作规程、巡回检查路线及主要检查内容、应急处置程序等五部分内容进行汇编,可将现行有效的相关文件进行汇编。

(4)随着基层员工掌握程度和接受能力的提高,可逐步完善指导书的相关内容。对条件成熟的单位,应清理现行的作业程序、设备操作规程、工艺技术规程及应知应会知识等文件,充实指导书的内容,减少基层文件重复的现象,确保指导书在规范基层员工作业行为上具有唯一性和权威性。

三、计划书

(一)计划书的特点

计划书是对指导书没有覆盖到的新增风险,特别是当人员、环境、工艺、技术、设备设施等发生变化(变更)时,针对基层岗位员工特定作业活动和操作行为的工作指南。计划书在内容上是对指导书的补充,重点是保证基层组织实施动态风险管理。计划书随项目或作业条件变化而变化。

计划书可用于移动性作业项目,由于各种变化、变更所新增的HSE风险的管理;可用于固定作业场所,非常规作业活动(如临时性作业等)HSE风险的管理。在进行非常规作业之前,首先应对所要开展的活动进行危险、有害因素识别,对识别出需要防控的风险制定出相应的防控措施,写到书面上经过审批,就形成这个活动的计划书。

(二)计划书的编制

1. 编制原则

编制计划书应遵循"针对性""实用性""可操作性""计划性"的原则。在编制计划书时,尽可能做到简单、实用、全面,使计划书的内容易理解、易管理、易操作,达到职责清、程序清和目标清的要求。在制定某一项目 HSE 管理措施、预案和计划时,应根据该项目的实际地理环境、工艺设计及 HSE 管理方针、目标和要求,并从经济效益、社会效益和环境效益三个方面来考虑,且保证制定出的方案和措施可以有效地付诸实施。

2. 编制要求

企业基层组织(项目部或基层队站)结合本专业特点,按照以下4种情况,编制本项目(活动)的计划书:

1)作业周期长、作业场所相对固定的作业项目

对于作业周期长、作业场所相对固定的作业项目(如钻井的探井、重点井,井下的大修、试油,以及炼化装置停工检修等),应在施工前编制计划书,并在计划书中增加《风险管理单》(表2-3)。在施工过程中,应定期组织危险、有害因素识别活动,对随着时间变化而带来的新增危险、有害因素进行识别,在原计划书基础上,制定相应的风险消减及控制措施,填写《风险管理单》,作为对原计划书的补充。

表 2-3 风险管理单

编码			编号		
作业地点(包括井号、工号等)					
本表对应的作业计划书名称					
1	新增主要危险、有害因素识别(包括对人员、环境、工艺、技术、设备设施变化的描述)				
2	主要风险提示(包括指导书中提到的主要风险)				
3	风险消减和控制措施				
4	应急处置措施				
编写人	年 月 日		项目监督	年 月 日	
审核人	年 月 日		项目经理	年 月 日	
相关人员告知记录					
序号	姓名	工作岗位(职务)		签字	日期
					年 月 日
					年 月 日
					年 月 日
完成时间	年 月 日		验收人		年 月 日

注:(1)本表是计划书的附件;(2)本表的内容按照计划数的使用要求填写;(3)本表的内容不限于一张表格,可以视情况增加附页。

2) 作业周期长、作业场所移动的作业项目

对于作业周期长、作业场所移动的作业项目(如物探作业、管道建设施工等),应在施工前编制计划书,并在计划书中增加《风险管理单》。在施工过程中,对随时间、环境变化而带来的新增危险、有害因素进行识别,在原计划书基础上,制定相应的风险消减及控制措施,填写《风险管理单》,作为对原计划书的补充。

3) 作业周期短、作业场所移动且在同一区块内作业的项目

对于作业周期短、作业场所移动且在同一区块内作业的项目(如钻井的开发井,井下的小修、压裂,以及测井、录井、固井等在同一区块的作业),应在施工前编制区块计划书,并在计划书中增加《风险管理单》。在同一区块施工过程中,对随着时间、环境变化而来的新增危险、有害因素进行识别,在原区块计划书基础上,制定相应的风险消减及控制措施,填写单井的《风险管理单》。

4) 作业周期短、作业场所相对固定的作业活动

对于作业周期短、作业场所相对固定的作业活动(如生产辅助性作业,炼化装置临时检维修等),作业前必须开展危险、有害因素识别活动,填写《风险管理单》,也可将风险消减及控制措施纳入"作业许可""施工方案"或"工作单"等相关文件中。

对于上述4种类型之外的施工作业活动,可根据风险管理原则,参照上述情况办理。

3. 编制步骤

1) 明确任务计划

(1) 明确工作任务、工作量。

(2) 配备人员、设备。

(3) 确定时间进度。

2) 风险识别评估(风险管理单)

(1) 人员变更风险评估,包括:关键岗位人员、新增人员、转岗人员、其他变更人员能力评价。

(2) 设备、设施风险评估,包括:关键设备、变更设备。

(3) 工艺、原材料风险评估。

(4) 环境状况风险评估,包括:作业环境、交叉作业。

(5) 相关要求,如特殊要求、交叉作业、进度要求(抢工期)。

3) 新增安全措施(风险消减控制措施)

(1) 工艺改进,包括:工艺图、参数。

(2) 操作方法改进,包括:操作说明或指南。

(3) 配套资源,包括:HSE专用设备、设施,劳保用品,标志标识。

(4)作业许可。
(5)其他安全措施。

4)主要风险提示

进行风险提示,包括重大风险、主要风险、特殊风险(指导书中没有)、容易忽视的风险。

5)应急处置

(1)应急处置方法、动作、措施。
(2)应急组织(应急关键人员)。
(3)外部依托及应急电话。

4. 主要内容

(1)项目概况、作业现场及周边情况。
(2)人员能力及设备状况。
(3)项目新增危险、有害因素识别与主要风险提示。
(4)风险控制措施。
(5)应急预案。

这五部分是计划书的建议内容,基层组织可以参照上述内容编制计划书。没有编制指导书的基层组织,或是由不同单位基层组织新组建的项目部,在各自的指导书存在很大差异不便执行时,应按照上述内容,对指导书中有关内容统一考虑,编制计划书。

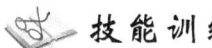 技能训练

HSE 作业计划书的编制实例

编码:

小修 HSE 作业计划书

施工单位 ××油田井下作业××队
施工井号 萨北2-××-458

中国石油天然气集团有限公司
××油田公司井下作业××公司

| 编写人： |
| |
| 日期： 年 月 日 |

审核意见：

审核人：
职　务：
日　期： 年 月 日

审批意见：

审核人：
职　务：
日　期： 年 月 日

一、项目概况

井号(区块)：<u>萨北2-××-458</u>。

井别：<u>油井</u>。

项目来源(甲方)：<u>××油田公司第××采油厂</u>。

如是丛式井组,丛式井组共有_____口井。施工井号按施工顺序依次为_____。

甲方(或地质、工程设计)在HSE方面的提示(要求)：<u>不能乱排乱放；井控设备配备齐全；全体施工人员持证上岗</u>。

本项目工艺流程：<u>搬家—接井—施工准备—起杆—拆井口—试提—起油管—清量配—下油管—坐井口—下杆—试抽—收尾—交井</u>。

二、井场和周边情况调查

(一)本区块内邻井调查

本区块内邻井可能对本项目施工带来的影响或提示：<u>无</u>。

(二)井场条件调查

地理位置：<u>××省××市××路以南200m、××路以东250m</u>。

井场面积、平整坚实程度等地面条件是否满足施工需要：<u>是</u>。

井场内是否有其他注水(气)井口与采油(气)井口、抽油机、原油罐、加热炉、变压器等交叉作业设施：<u>无</u>。

井场内或附近,是否有对施工造成影响的高压线路或其他线路：<u>无</u>。

井场地下有无管道、光缆、电缆等：<u>有输油管线、注水管线、通信电缆</u>。

其他影响施工或应在施工中注意的因素：<u>无</u>。

(三)自然环境调查

井场周边的地形地貌和环境特征：<u>平原地带</u>。

井场周边有无工业企业(联合站、集输站等)、学校、居民区、公路、铁路、养殖场,以及其他工厂和民用建筑、水利、电力设施等：<u>100m以内无建筑</u>。

井场周边有无文物古迹、动植物及水资源保护区等：<u>无</u>。

季节主导风向及最大风级：<u>年最大风力8级</u>。

气温变化情况：<u>最高37℃,最低-35℃</u>。

水文情况和可能造成的自然灾害：<u>无</u>。

交通情况：<u>井排路为砂石路、沥青路,交通状况良好</u>。

通信方式：_____。

其他可能造成健康、安全与环境影响的因素：<u>无</u>。

(四)社会环境调查

井场周边特殊风俗禁忌及宗教信仰：<u>无</u>。

井场周边社会治安状况：<u>良好</u>。

井场周边有无地方病及传染病：__无__。

施工所在地有关 HSE 方面的特殊要求：__无__。

其他可能遭受或造成健康、安全与环境影响的因素：__无__。

(五) 搬迁路线调查

是否经过山地、高原、沙漠、森林、草原、苇塘、滩涂、河流，或旁经湖泊、水库、盐池及碾压农田等：__否__。

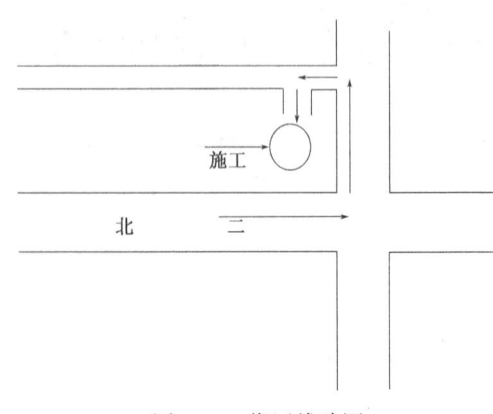

图 2-8　搬迁线路图

是否穿越闹市区：__否__。

是否有险桥、涵洞：__否__。

是否有影响搬迁的高压线路或其他线路，是否需挑线(指安全条件下允许的常规绝缘电线,电话线等)：__否__。

路况是否完好,是否通过高速公路,是否需搬前采取整改措施：__否__。

其他影响搬迁的危害因素：__无__。

搬迁线路图：如图 2-8 所示。

三、人员能力和设备状况

(一) 人员能力

本项目关键岗位人员及新增人员能力见表 2-4。

表 2-4　关键岗位人员及新增人员能力

序号	姓名	岗位	性别	工作年限		文化程度	健康情况	持证情况	技能鉴定
				工龄	本岗位				
1	王一	董事长	男	25	12	硕士	良好	有	HSE证
2	李二	经理	男	18	15	本科	良好	有	HSE证
3	张三	生产副经理	男	16	15	本科	良好	有	HSE证
4	杨四	安全副经理	男	16	15	本科	良好	有	HSE证
5	刘五	后勤副经理	男	16	15	本科	良好	有	HSE证
6	孙钱	总工程师	男	16	15	本科	良好	有	HSE证

(二) 设备状况

施工作业采用的主要设备、设施及 HSE 装置见表 2-5。

表 2-5　主要设备、设施及 HSE 装置

序号	名称	规格型号	生产能力	完好情况	是否满足施工要求
1	轮式自备井架修井机	SX5256TXJ	130 口/年	完好	是
2	泵车	3HS—700S	500 口/年	完好	是
3	油管车	解放 141	500 口/年	完好	是
4	水罐车	SX3255UM384	500 口/年	完好	是
5	手动闸板防喷器	SFZ18—21		完好	是

四、本区块主要风险提示

(1)此井为聚驱井,地层压力较大,易发生井喷。
(2)本次施工此井要加高井口,注意防喷。

五、风险消减和控制措施

(1)选择合理的压井液进行压井。
(2)更换井口时施工速度要快,要有专人观察井口,一旦有井涌现象,马上安装井控器,关井。

六、应急管理

(一)应急联系电话

表2-6为应急联系电话一览表。

表2-6 应急联系电话一览表

单位	姓名(部门)	职务	地址	联系电话
上级应急救援组织				
××采油××厂	调度室			
井下作业××分公司	调度室			
外部依托				
××市消防指挥中心	调度室			119
××市急救中心	调度室			120
××市110指挥中心	调度室			110
其他				

(二)施工现场主要急救药品和用品

施工现场配备的主要急救药品和用品见表2-7。

表2-7 施工现场主要急救药品和用品一览表

序号	名称	单位	数量	备注
1	青霉素	盒	5	
2	银翘解毒片	袋	10	
3	湿润烧伤膏	盒	3	
4	创可贴	盒	2	
5	纱布	卷	3	

（三）应急处置预案

执行甲方应急预案。

思 考 题

1. HSE 管理体系风险控制的原则是什么？
2. HSE 管理体系风险控制的措施有哪些？
3. 什么是"两书一表"？"两书一表"的作用及特点是什么？

第三章 钻井作业HSE风险识别与控制

案例导入

一、事故经过

某钻井平台,由于两名钻井工作人员操作失误,悲剧在瞬间发生!两名钻井工当场被打飞,现场视频记录可怕一幕(见视频3-1)。

二、事故分析

钻井过程中,安全事故时有发生,需要时刻保持清醒的头脑,按照标准化、按步骤的操作原则。《企业职工伤亡事故分类》(GB 6441—1986)中,综合考虑起因物、引起事故的诱导性原因、致害物、伤害方式等,将钻井作业时的事故分为20类,具体参考第二章,钻井过程中要高度重视。

视频3-1 常见钻井作业HSE风险

三、安全启示

在实际钻井过程中,事故的发生是没有预兆的,要求操作人员时刻保持警惕,严格按照规章制度执行,将风险危害降低到最小。

第一节 钻井作业HSE风险识别

一、石油钻井简介

石油钻井是指利用石油钻井设备从地面开始沿设计轨道钻穿多套地层到达预定目的层(油气层或可能油气层),形成油气采出或注入所需流体(油、气、水)的稳定通道(即油气井),并在钻进过程中和完钻后,完成取心、录井、测井和测试工作,取得勘探、开发和钻井所需各种信息的系统工程。为了安全快速地完成一口井的钻井任务,施工前必须精心做好钻井设计。钻井设计通常包括钻井地质设计和钻井工程设计两个部分,钻井工程设计包括工艺技术设计、工期设计和钻井费用预算等。影响钻井的地质因素包括岩石、土壤类型及其工程力学性质、地质结构、地层中流体情况、地层情况等。

(一)石油钻井机械设备

石油钻井的地面配套设备称为钻机。石油钻机是多种机器设备组成的一套大功率重型联合工作机组,每一设备和机构,都是针对性地满足钻井过程中某一工艺需要而设置的。全部配套设备的综合功能可以满足完成钻进、接单根、起下钻、循环洗井、下套管、固井、完井及特殊作业和处理井下事故的要求。钻机可分为机械传动钻机、电动钻机、复合钻机三大类。总的说来,整套钻井设备由七大系统和八大件组成。

(1)提升系统:包括井架、天车、游车系统、大钩、绞车等,用于起下钻、接单根、下套管和正常钻进时控制钻压等作业。

(2)循环系统:由钻井泵、钻井液池、钻井液罐、低压管线、钻井液净化设备等组成,主要用来循环钻井液。

(3)旋转系统:由水龙头、转盘等组成,主要用来驱动钻头、旋转钻柱。

(4)驱动与传动系统:钻机的动力一般由柴油机提供,有时用电动机。传动部分包括联轴器、离合器、变速箱、皮带传动及链条传动等装置。该系统的作用是产生动力,并把动力传递给钻井泵、绞车和转盘等。

(5)气控系统:包括控制面板、传输管线和阀门、执行机构及压气机等,主要作用是确保对整个钻机各个工作机构及其部件的准确、迅速控制,使整机协调一致地工作。

(6)井控系统:由防喷器、钻井四通、节流管汇、压井管线及液(气)压控制器组成。

(7)钻井仪表系统:主要包括指重表、压力表、转速表、扭矩表、泵冲数表、数量表和记录仪等。

在石油工作的现场,钻井设备八大件是指井架、天车、游动滑车、大钩、水龙头、转盘、绞车、钻井泵。

(二)石油钻井技术

钻井是油田开发的主要工艺过程之一,也是确定地下含油、进行采油生产的唯一手段。钻井工程在油田生产中占有非常重要的地位。每年钻井工程的投入在油田开发总投入中占有相当大的比例。钻井一般分为钻探井和钻生产井。通过钻探井可以更为深入地了解地层构造,并通过对岩心进行分析,以确定储层及含油面积大小、储量的多少、有无开采价值等。对有开采价值的含油构造,确定油田规模并投入开发后,便要钻生产井,以进行采油生产。

目前油田常用的钻井方法是旋转钻井法,它是使用金属钻杆带动钻头旋转来破碎岩石的一种钻井方法,通常使用转盘钻机,由转盘通过方钻杆来带动钻头和钻杆。目前世界上大部分钻井工作都是由旋转钻井法来完成,也有部分钻机已经开始用井底动力钻具,称为井底钻井法;另外还有井底动力钻具与柔性钻杆配合钻井法,但使用很少。现代钻井技术有喷射钻井技术、防斜打直技术、定向钻井技术、完井技术和钻井井控技术等。

1. 钻井技术存在的难题

就钻井工程而言,地质勘探面临着地质结构复杂、压力层系多、井下高温等难题;在西部和南方海相地区,面临着超深井钻探、地质构造斜度大、地层压力复杂多变等难题;在海外,面临着地质资料不全、超长段盐层下的勘探难题,这些都是目前钻井技术面临的紧迫的攻关任务。

在开发方面,东部老区由于进入开发中后期,边际油藏、薄油层及特殊岩性油藏和低渗透油藏开发成为主攻方向,钻井技术举足轻重;而在西部新区面临着降低吨油成本、提高开发效益的要求,对钻井技术和保护油气层提出了许多新的挑战。

1) 复杂地层钻前压力、岩性预测不准

钻前地层压力、岩性预测不准,造成井身结构和钻井液密度确定不合理,导致井漏、井喷等复杂情况发生。

2) 山前高陡构造和逆掩推覆体防斜问题

高陡构造防斜技术没有完全突破。常规钟摆钻具防斜由于加不上钻压,影响了机械钻速;偏轴结构应用在大尺寸井眼的井斜控制方面取得了一定的效果,但需进一步研究。随着勘探开发的不断推进,逆掩推覆体的防斜问题成了困扰钻井的瓶颈。

3) 钻头选型和钻井效率问题

山前复杂井地质条件的不确定性及钻前预测准确性不高仍然是影响钻头选型及使用效果的最大技术难点。对于硬度高、研磨性强的地层与软塑性地层交替频繁的井段,以及硬(极硬)、具有一定塑性、中低研磨性的泥岩地层还没有好的钻井技术。地层夹层多、研磨性强、可钻性纵横向差异大,给钻头选型和合理使用带来了极大困难。

4) 井漏问题

近年来,随着天然气勘探的进一步深入,井漏问题变得日益突出,给钻井技术带来了新的挑战。

5) 井壁稳定和井身结构问题

泥岩地层易缩径、垮塌,导致井下复杂情况较多;高地应力、多压力系统、地层认识不清等会引起井壁失稳,使井身结构设计难度较大;川东、塔里木、青海地区高压盐水层、盐膏层、复合盐层交错,易缩径卡钻或井壁严重垮塌;此外地层的破碎和断层也使地层垮塌比较严重。

6) 固井问题

长裸眼段多压力系统及小井眼、小间隙井的固井质量仍存在很多问题。

7) 深井钻进中套管严重磨损问题

深井、超深井钻进中的套管磨损问题严重影响钻井质量。

2. 石油钻井技术发展方向

21世纪,世界钻井技术发展的趋势是向自动化、智能化钻井发展。我国将重点发展旋转导向钻井技术、超深井钻井技术、大位移钻井技术、提高老油田产量的各种类型钻井技术。石油钻井技术未来的发展可以从以下几方面分析。

1)提高钻前压力预测精度

加强对地震、测井资料的处理与利用,提高地层压力、岩性预测精度;研究或引进随钻地震技术、地质导向技术等,解决钻井过程中的预测问题;加强对录井资料的综合利用,做好对预测压力和岩性的及时校正;加强随钻压力监测,提高措施的针对性。

2)高陡构造防斜打快

完善偏轴防斜结构,加强偏轴结构在215.9mm井眼中的防斜技术研究,进一步推广该技术在高陡构造地层中的应用,研制或引进高效防斜技术。

3)防漏堵漏技术

加强钻前预测,包括对上部非目的层大断裂带、溶洞、异常压力等的预测;完善漏失层欠平衡等强行钻进技术;加强化学堵漏等综合堵漏技术研究;研制或引进膨胀管堵漏技术、波纹管堵漏技术。

4)特殊工艺井技术

(1)分支井技术。满足玉门、塔里木、四川等地面条件复杂地区及低渗透难动用储量开发对分支井技术的需求。低渗透油田开发最重要的一点是"密井网",而多分支井正好可以满足这方面的需要,同时又降低了成本,提高了产量。

(2)大位移井技术,如大港、冀东、辽河滩海油田及玉门、吉林、塔里木等油田复杂地表条件勘探开发的大位移井技术,以及水平位移超过4000m的大位移井配套技术储备。

(3)欠平衡钻井配套技术,包括气基流体欠平衡水平井轨迹测量技术,起下钻、接单根不压井技术,欠平衡钻井、完井技术。

5)小井眼钻井配套技术

中石油现已探明低渗透储层石油地质储量约为40×10^8t,约占全部探明地质储量25%。低渗透油藏的油井产量都很低,从作业上能否做到低成本,是决定能否经济开发这类油气藏的关键。因此需要研究小井眼钻机等钻井配套工艺,降低小井眼钻井成本,开展120.65mm井眼、88.9mm套管等井眼尺寸的系列钻井、完井技术研究,将小井眼技术应用到调整井、探井和老井再钻中,形成小井眼钻井技术系列,降低低渗透油田的生产成本。

6)套管钻井新技术

套管钻井是指用套管代替钻杆对钻头施加扭矩和钻压,实现钻头旋转与钻进,整个钻井过程不再使用钻杆、钻铤等,利用钢丝绳投捞钻头,在套管内实现钻头升降,即实现不提钻更换钻头钻具。

7)水基钻井液新技术

水基钻井液的成膜理论与控制技术是近年来国内外研究较多和发展较快的一类新型钻井液理论与技术。该理论与技术的提出基于两方面的问题：一是非酸化屏蔽暂堵保护储层；二是成膜维持井壁稳定。

二、钻井作业 HSE 风险特征及分类

(一) 钻井作业 HSE 风险特征

在石油勘探和油田开发的各项任务中，钻井起着十分重要的作用。寻找和证实含油气构造、获得工业油流、探明已证实的含油气构造、取得有关油田的地质资料和开发数据，最后将原油从地下取到地面上来等，无一不是通过钻井来完成的。由于钻井作业的特殊性，钻井过程中存在的 HSE 风险具有如下特征：

(1) 严重性。因人为操作或工艺要求不当及设备处于不安全运行状态等诸多因素所导致的事故危害极大，产生的后果有时是灾难性的，如井喷失控可能造成井毁人亡的恶性事故。

(2) 差异性。根据钻井工艺的特点，钻井作业一般分为钻前、钻时和完钻三个阶段。不同施工阶段及采用不同钻井工艺对健康、安全与环境的影响不同，存在的危险、有害因素不同，其危险、有害因素的影响因素也不尽相同。

(3) 多样性。钻井活动中不仅存在常规的着火、爆炸、电击、运输事故、有害材料化学试剂、工作环境(如滑倒、坠落、噪声、震动)等影响健康、安全与环境的危险、有害因素，还存在设备伤害(如水压和气压、旋转机械)、污水和钻井液及硫化氢等对健康、安全与环境的影响，其危害是多种多样的。

(4) 时间性。钻井过程中造成对健康、安全与环境的危害，有的是突发性的，影响时间较短暂；有的影响时间较长，如噪声危害贯穿整个钻井过程；而有的影响可能是永久的，如井漏对地下水源造成的危害。

(5) 隐蔽性。钻井安全事故的发生受人为因素、设备状况因素、施工作业措施及外界环境等因素影响，并且存在诸多不确定影响因素，有较强的隐蔽性，其危害和影响的发生及程度难以预料。

(6) 变化性。钻井过程中的风险具有多变性，因处理或措施不当，可能会由一般事故升级为严重事故甚至恶性事件。如钻井过程中发生井漏，且同时存在高压层，若处理井漏措施不当，就可能因井漏液柱压力低而发生井喷或者井喷失控事件，从而由一般事故演变成严重或恶性事故。

(二) 钻井作业 HSE 风险分类

可以说，石油钻井伴随着油田开发的始终。在钻井过程中，发生的 HSE 安全事故也是多种多样的，按不同的划分标准可以进行以下分类。

1. 根据钻井施工阶段分类

(1) 钻井前期工作产生的风险,即开钻前准备活动中的 HSE 风险,如平整井场造成对井场周围植物的破坏、钻井设备运输及安装过程中的安全事故等。

(2) 钻井过程中产生的风险,即开始钻进至完井整个钻井作业产生的 HSE 风险,如钻井作业中可能产生的高处坠落、机械伤害、物体打击、钻井液及作业污水对环境的污染风险等。

(3) 钻井施工结束后产生的风险,如完井后未处理的废浆、钻屑及废弃材料对环境的污染。

2. 根据钻井工艺环节分类

(1) 钻进作业中的风险。

(2) 起下钻作业中的风险。

(3) 下套管固井作业中的风险。

(4) 测井作业中的风险。

(5) 完井、试油作业中的风险危害。

3. 根据钻井作业中危害对象分类

(1) 设备风险,如设备故障导致的事故。

(2) 人员伤亡风险,如因各种事故或者操作不当造成对人的伤害。

(3) 人员健康危害风险,如钻井作业流体对人皮肤的伤害,钻机噪声对人听力的损害,有毒气体对人员健康的危害。

(4) 钻井作业中"三废"对环境的危害风险,如柴油机排出的废气及钻井作业中排出的废水、废渣对井场周围环境的污染。

此外,钻井作业 HSE 风险还可按以下方式分类:按直接原因分类,如物理、化学、生物、心理、生理、行为因素等;按事故类别分类及伤害方式分类,如物体打击、触电、火灾等;按职业病分类,如毒物、噪声与振动、爆炸等;按环境影响因素分类,如废气污染、废水污染等。

三、钻井作业主要 HSE 风险

在钻井作业中,相关的 HSE 风险无处不在,不仅与钻井作业的本身操作有关,同时与相关承包方的技术服务作业有关。因此,在钻井过程中,在识别危险、有害因素时,要从多方面出发,识别出共同风险和相关风险。

(1) 物体打击,如高空物品坠落对人或机器设备产生打击伤害,人员施工操作、搬运重物过程中造成物体打击危害等。

(2) 车辆伤害,如在钻井施工中,由于钻具等一些物资的配送,可能发生交通事故。

(3) 机械伤害,如人对一些机械设备进行维护保养时,或因操作不当而发生的卷入、绞、碾、割、刺等伤害。

(4) 起重伤害,如在钻机的搬迁、安装过程中,使用吊车进行作业时,在起下钻作业过程中,提升系统对钻具进行上提下放时,都可能会产生坠落、物体打击等事故。

(5)触电。无论是在井场作业区还是生活区,都有可能发生触电伤害,另外在雷雨天气作业可能会有雷击伤亡事故。

(6)淹溺,如井队周边存在江河、干渠、大型水库,员工下河洗澡、游泳可能发生淹溺。

(7)灼烫,如钻井液材料和一些钻井液助剂可能灼伤人体,柴油机长时间工作也可能使烫伤人。

(8)火灾、爆炸,如井喷或井喷失控可能导致地层含氢化合物的严重泄漏,井场使用的汽油、柴油、润滑油等也可能会泄漏,这些可燃物遇到火源将会发生火灾、爆炸事故。另外还有营房火灾、电气火灾等。

(9)高处坠落,如井架工从二层平台跌落,或其他形式的、超过2m的高处坠落事故。

(10)坍塌,如井架发生倒塌。

(11)容器及其他爆炸。

(12)中毒,如由于井喷或井喷失控,地层硫化氢气体溢出导致人员中毒。另外还有野外食物中毒、化学物品中毒等。

(13)环境危害,如柴油机的噪声危害、大气污染,废弃钻井液及生活污水对附近水体的污染,恶劣的天气或自然灾害等。

(14)社会环境影响,如经过少数民族聚集地时可能发生民族纠纷,在某些地区作业可能会遭到不法分子的骚扰。

(15)海上钻井时,可能有更为严重的污染、船体腐蚀破裂、平台倾斜、撞船、船体搁浅、迷航、逃生困难等HSE风险。另外海啸、海潮、海浪、龙卷风、暴雨等也可能导致财产损失和人员伤亡。

(16)其他风险。

第二节　钻井作业HSE风险控制

一、钻井作业风险控制措施

在石油钻井作业过程中,既存在着火灾、爆炸、中毒等风险,也存在着如机械伤害事故的风险、人触电的风险、高空坠落的风险等。人的不安全行为和物的不安全状态,都会引发安全事故。钻井施工的难度大,风险高,一旦发生安全事故,会给钻井施工带来巨大的经济损失,影响钻井施工的成本。

(一)搬家作业风险控制措施

搬家是一项综合性工作,由多工种、多单位联合作业。所以在搬家前,应召集全队职工开会,交代有关事项,具体包括:(1)新老井场人员分工;(2)新老井场吊车分配;(3)设备搭配与装车安排;(4)道路沿线及井场介绍;(5)生活安排;(6)使用的工具及注意事项;(7)设备摆放要求;(8)架设通信设备;(9)其他注意事项。

(二)安装作业风险控制措施

钻一口井,并不是一两天就能完成的,特别是在环境恶劣、设备精度较差的情况下,更需要提高设备的安装质量来保证全井的正常施工。在安装过程中,技术员要制定穿大绳方案,布置井场,校正设备,固定各种仪器,安排并检查各种设备的安装情况,做好文字记录,及时汇报、分派第二天的工作。

(三)一开作业风险控制措施

设备全部就位后,应进行设备试运转、冲鼠洞;同时,复检各设备的安装尺寸、固定情况,校正仪表,召集全队进行技术交底。

一开时,方钻杆带动钻具和钻头旋转钻开表层。钻头和钻具结构按工程设计执行,钻井液性能按钻井液设计执行。钻进中避免井下落物和定点循环,重点预防流沙卡钻、沉沙卡钻。干部值班巡视井场,对安装中的不足,应及时记录在案,便于二开前整改;同时安排人员清洗表层套管、丈量和校正表层套管尺寸,根据表层套管实际长度合理确定一开井深。

(四)下套管固井作业风险控制措施

一开完后,起钻,盖好井口,更换井口工具。技术员复查井深,计算套管下入深度和联入,口袋应在0.5m之内。下套管时,注意套管鞋的安装质量及套管顺序。下完顶通后循环,检查水源、设备等情况,为固井做准备,固井时注意替空。

(五)井口装置安装作业风险控制措施

安装井口装置时要求与井口对正,且固定好,钻井时不晃动。卸联顶节时,检查第一根表层套管是否退扣;计算井口防喷管线出口高度,如果发现高度不合适,可提前调节升高短节长度作为补救,避免封井器安装完后才发现井口内防喷管线接不出去。最后,按标准试压。

(六)二开作业风险控制措施

二开时首先变换钻具结构,接头一定要下对。由于井口工具较多,应防止掉落物。不用的工具应清洁,涂上润滑油标上规格,摆放整齐。二开探水泥面时,技术员应在场,钻水泥塞等各种技术参数按设计要求执行。二开风险控制的重点在日常的监督管理上,主要有以下几个方面:

(1)设备保养及卫生,减少停钻时间。

(2)随时掌握钻头在井下工作的情况。

(3)注意泵压变化、转盘负荷、钻具上提下放的摩阻。

(4)按成本曲线及操作经验确定更换钻头的时间。

(5)事故多发生在钻头使用后期、起下钻操作、钻地层突然变化的井段,技术员和值班干部要经常到钻台、钻井液灌上观察,起钻前期、下钻后期,重点交代。

(6)每天查看工程设计,要考虑地层深度与设计有无出入。地层提前或推后、缺失或新增时,要密切注意并制定相关措施,不能盲目地只考虑深度,而不考虑地层。

(7)由于井队岗位经常变换,要加强正确操作的培训工作。

(8)经常检查液面报警器,调整高度以便及时发现井漏和井涌。

(9)定期检查重点设备,定期进行防喷演习。

(10)及时掌握井深质量,调整钻井参数,钻具组合。

(11)工具到井验收,特殊工具描绘草图。

(七)起钻作业风险控制措施

起钻是一个复杂的过程。尽管都不愿多起钻,但起钻又是不可避免的。为了减少起钻及带来的复杂问题,主要采取以下措施:(1)采用高质量的钻头;(2)采用优质的钻井液;(3)优化钻具组合;(4)合理调整钻进参数;(5)在钻进时间长、进尺多的情况下,为避免起钻困难,可中途起下钻。

起钻前应把好关,在下列情况下不准起钻:(1)钻井液性能不正常;(2)井底没有循环干净;(3)人员不到位;(4)钻井液密度过低;(5)没装好测斜片;(6)循环时间不够;(7)防喷设施不正常。

起钻过程中,操作人员、值班干部、技术员除了按操作规程执行防卡措施要求外,还要始终跟踪钻头位置,根据各种现象分析井下情况,及时判断井下有可能发生的复杂情况,采取有效措施。

(八)下钻作业风险控制措施

起钻完成后,严格检查钻头尺寸、高度、型号、厂家、喷嘴、钻头内流道、焊缝及磨损情况等。更换钻头后,及时下钻至套管鞋处,检修、保养设备。发现地面不正常不准下钻,下钻中途应严格执行操作规程和防卡措施。如遇阻应及时上提,接方钻杆小排量开泵顶通水眼,然后建立循环。在上部地层应尽量减少循环或不循环,如中途需顶水眼,只顶一下就行;下部地层可循环。技术员应严格把关,以免带来不必要的复杂情况。下钻时,技术员应在场,下钻到底,提前一个单根,接方钻杆单阀开泵,正常排量循环、钻进。

(九)完井及电测作业风险控制措施

完井对于一口井来说,只是完成了一半。技术员应及时与负责钻井液的人员制定出完井钻井液方案,并稳定钻井液性能;与地质人员配合确定完井井深,及时汇报给有关单位。现场应首先做好完井电测准备工作,安排好下套管的数量、编号、型号、钢级、厂家,对套管进行清洗、通内径,按套管设计的下入顺序进行排列;再对设备进行一次全面保养,检查大绳及指重表、传感器等,收回所有测量仪器。

电测时,技术员应随电测解释员一道,随时掌握电测情况,检查套管、固井工程准备情况。同时,要搞好井控工作,克服放松思想。由于井内无钻具,所以要加强值班坐岗。

(十)套管丈量、下套管作业、固井作业风险控制措施

电测完后,要及时通井,等待电测通知。这时,技术员应再次检查套管数量、编号、型号、尺寸、扣型、钢级、厂家、清洗、通内径情况,扶正器个数及下入顺序等;按完井协作会的安排,进行技术交底;在地面监督组装好引鞋旋流短接、阻流环;准备好固井用水、前置液、顶替胶液等。

下套管时,技术员主要负责监督入井顺序、钻井液返出情况、下入动态等,最后复查套管根数、联入高度,并做好记录,及时汇报。

固井时,技术员与现场固井工程师一道搞好固井工作。固井施工完成后,技术员应安排好放压工作,同时安排好井口安装、试压等。对于有三开、四开的井,具体工序同二开基本相同。

(十一)甩钻具、设备待迁作业风险控制措施

固井后,技术员应及时向有关负责人汇报,安排好井场工作。按联系好的方案执行拆设备、甩钻具作业。技术员要亲自监督套管试压、拆井口、甩封井器、拆指重表,安排有关人员拆卸设备后,编写井史,整理值班表,写完井总结。三天内资料全部上交。

二、钻井重点工况 HSE 风险与控制

钻机施工操作过程中,有些部位和事故是应该重点加强防范的,如机械伤害事故的风险、人员触电的风险、高空坠落的风险等。加强对参与钻探施工人员的 HSE 风险知识的培训,提高防范意识,才能规避安全风险,避免发生安全事故,提高石油钻井的安全性。

依据石油钻井施工涉及的人员和设备情况,重点防范的部位包括:钻井平台区域、钻井液循环过程和钻井施工现场。

钻井平台区域的风险源比较多,存在井喷事故的风险源,一旦钻井施工中发生溢流,若不及时治理,势必会引发井喷事故,严重的会导致井筒的报废。发生井喷事故后,喇叭口处喷出的钻井液和油气会对钻井平台产生极大的冲击,极易发生火灾爆炸事故。此外还存在有毒有害气体发生泄漏的风险。

在钻井液循环过程中,井底的有毒有害气体发生泄漏后,如果是高含硫储层,硫化氢气体将对钻井平台的人员产生不良的影响,严重的将导致人员窒息死亡。

钻井施工现场存在人员坠落、崴脚等风险,由于钻井平台与地面具有一定的距离,当钻井施工人员上下的时候,极易发生事故。若没有完整的防护设施,岗位人员操作过程中,很容易发生高空坠落事故。井口的工具使用不当,也会引起人身伤害事故。钻井一级平台和二级平

台上掉落的物体,也会出现砸伤人员的事故。如果电气设备漏电,会导致人员触电事故的发生。高压管汇的区域,由于高压的影响,一旦发生泄漏事故,会引起很大的冲击力,导致周围的物体和人身的伤害。

表3-1列举了钻井重点工况的HSE风险与控制措施。

表 3-1 钻井重点工况 HSE 风险与控制措施

工况	风险源、作业环节	潜在危害	控制措施
搬迁安装	拆装设备	人砸伤、碰伤、高处坠落,设备碰坏、砸坏	按照作业指导书要求,小心谨慎,高处操作系好安全带
	搬迁设备	翻车伤人损物,交通事故	执行道路交通安全法,谨慎驾驶
		起吊重物坠落砸伤人	起吊重物选择合格吊索,现场统一指挥,安排监护人
	起放井架	高处坠落,落物伤人	设置警戒区,安排监护人
		起绳跳槽摔坏井架、砸伤人	加强起放井架前的各项检查
		操作失误砸坏井架	加强培训,逐条执行操作规程
钻井过程	起下钻、接单根	拉猫头伤人	禁用钢丝绳拉猫头,配液压猫头
		钻井液喷出,滑跌摔伤	使用防喷盒,钻台有钻井液及时处理
		高处落物砸伤下方人	工具、活动部件系好保险绳,不抛掷物品
		操作人员高处坠落	系好安全带
		防碰天车失灵、顶天车	及时检查防碰天车,发现失灵时应停工维修
		单吊环起钻	谨慎操作
		刹车失灵、顿钻	加强刹车系统检查
		断大绳、气葫芦绳	及时检查、更换钢丝绳
		气葫芦吊重物脱钩	使用安全双向钩
	钻进	井喷、井喷失控	按设计安装调试防喷器材、设施、管汇和内防喷工具,制定培训演练应急预案
		井漏、掉牙轮、刺、断钻具,掉螺杆芯子,卡钻	正确执行操作规程
		机械伤人	转动部位必须安装封闭护罩
		H_2S 等有毒气体引起中毒	现场配备 H_2S 等有毒气体检测仪和足量的气防装置,制定培训演练应急预案
		可燃气体从井口溢出,燃烧爆炸	配备可燃气体检测仪,在井口配备防爆排风扇,驱散可燃气体
	配置钻井液	处理剂灼伤、烧伤、腐蚀,吸入粉末导致尘肺、中毒	穿戴好劳保用品
		环境污染	及时清除回收落地药品、包装,挖沟阻断外排

续表

工况	风险源、作业环节	潜在危害	控制措施
钻井过程	特殊作业	处理事故断大绳、拉倒井架、拔断钻具、工具落井	按照工程部门的事故处理方案进行事故处理
		割、焊井口造成火灾	进行风险分析,开动火证,制定动火措施,落实措施后由持证人员动火
		检维修泵或其他设备,误合开关造成检修人员受伤	安排监护人,挂牌警示,拆离合器或总控制器
	特殊天气	雨天滑跌、触电	清除通道杂物,井场使用防雨电气开关,所有设备接地
		冬天冻坏设备、冻伤人员,夏天中暑	做好防暑降温和防冻保温工作,发放防暑降温药品和取暖保温器材
完井作业	测井作业	放射性伤害,射孔枪误发伤人	测井时,闲杂人员离开施工现场
		测井仪器落井	配合测井做好准备工作
	下套管作业	滚套管、吊套管、拉猫头伤人、井漏、井涌、卡套管、落物	严格执行下套管操作规程
	固井作业	憋管线、憋泵伤人,井漏	非施工人员撤离,现场安排监护人,固井施工人员检查管线连接处
		环境污染	及时回收落地水泥
	甩封井器装井口	砸伤人、砸坏井口	严格执行操作规程
	甩钻具	拉猫头、钻具下钻台、滚钻具、人身伤害、损坏钻具	严格执行操作规程
其他	油罐区	罐区燃油泄漏,燃烧爆炸	加强罐区检查,油罐区禁带火种,禁止动火
	宿舍、伙房	电气火灾烧毁房屋设施,烧伤人	人走电停,加强检查监护,配消防器材
	药品房、材料房	现场易燃纤维物品着火烧毁房屋、材料	在井场范围内,尤其是易燃易爆物品房内禁止抽烟、动火

三、井控

在钻井过程中,井下的不确定因素很多,情况十分复杂,无论油(气、水)井的压力高低,都有发生井喷的可能性。井喷所造成的人员伤亡、环境污染、设备和油气井损坏事故,其损失十分惊人,造成了很大的负面影响。

井控是钻井作业过程中的重要内容,是油田开采工艺的重要组成部分,是开发石油和天然气的一项重要技术保障。为防止井喷,保证井下作业的顺利进行,完善井控措施至关重要。

(一)井控的概念

井控,即井涌控制或压力控制,就是采取一定的方法控制住地层孔隙压力,基本上保持井内压力平衡,保证钻井或井下作业的顺利进行。总而言之,井控就是实施油气井压力的控制,就是用井筒系统的压力控制地层压力。

钻井或井下作业过程中的井控作业要从其目的和井今后整个生产年限来考虑,既要安全、优质、高速地钻好井,又要有利于保护油气层,提高采收率,延长油气井的寿命。所以,要依靠良好的井控技术进行钻井或井下作业。

目前的井控技术已从单纯的防喷发展到保护油气层、防止破坏资源、防止环境污染等多项内容,是快速低成本钻井技术的重要组成部分和重要保证。做好井控工作,既有利于保护油气层,又可以有效地防止井喷、井喷失控或着火事故的发生。

(二)与井控相关的概念

1. 井侵

地层流体(油、气、水)侵入井内的现象,通常称为井侵。常见的井侵有油侵、气侵、水侵。

2. 溢流

当井侵发生后,井口返出的液量比泵入的液量多,停泵后井口钻井液或修井液自动外溢,这种现象就称为溢流。

3. 井涌

溢流进一步发展,钻井液或修井液涌出井口的现象称为井涌。

4. 井喷

井喷是指地层流体(油、气、水)无控制地进入井筒,使井筒内的钻井液或修井液喷出地面的现象。

5. 井喷失控

井喷发生后,无法用常规方法控制井口而出现敞喷的现象称为井喷失控。这就是钻井作业或井下作业中的恶性事故,一般会带来严重后果,造成巨大的损失。

综上所述,井侵、溢流、井涌、井喷、井喷失控反映了地层压力与井底压力失去平衡以后井下和井口出现的各种现象及事故发展变化的不同严重程度。

(三)井控分级

人们根据井涌规模和采取的控制方法不同,把井控作业分为三级,即一级井控、二级井控和三级井控。

1. 一级井控

一级井控也叫初级井控,就是采用适当密度的钻井液或修井液,建立足够的液柱压力去平衡地层压力的工艺技术。此时没有地层流体侵入井内,井侵量为零,自然也无溢流产生。

2. 二级井控

二级井控是指仅靠井内钻井液或修井液液柱压力不能控制地层压力，井内压力失去平衡，地层流体侵入井内，出现井侵，井口出现溢流，这时候要依靠关闭地面设备建立的回压和井内液柱压力共同平衡地层压力，依靠井控技术排除气侵钻井液或修井液，处理掉溢流，恢复井内压力平衡，使其重新达到一级井控状态。二级井控是井控的核心，也是防喷的重点。

3. 三级井控

三级井控是指当二级井控失效后，所采取的各种紧急措施。此时井涌量大，最终失去控制，发生了井喷，要用专门的设备和技术重新恢复对井的控制，使其达到二级井控状态，并进一步恢复到一级井控状态。

三级井控就是平常说的井喷抢险，可能需要灭火、停注等各种具体措施。三级井控应尽量避免发生。

一般地说，在钻井或井下作业时要力求使一口井始终处于一级井控状态；同时做好一切应急准备，一旦发生溢流、井涌、井喷，能迅速做出反应，加以解决，恢复正常的生产作业。

（四）井喷失控的危害

井喷失控是石油工业中的灾难性事故。人们在井控方面取得很大的成绩，也积累了经验。但是由于各种原因，近年来井喷失控事件屡屡发生，不断升级。

大量的实例证明，井喷失控是石油工程作业过程中性质严重、损失巨大的灾难性事故，其危害可概括为以下几个方面：

(1) 井喷失控易引起着火、爆炸或喷出有毒气体，从而造成人员伤亡，影响周围千家万户的生命安全。

(2) 井喷失控使油气无控制地喷出井口而进入空气中，造成环境污染，影响农田水利、渔场、牧场、林场建设。

(3) 井喷失控还会严重伤害油气层，破坏地下油气资源，极易引起火灾和地层塌陷，造成机械设备毁坏、油气井报废，带来巨大的经济损失。

(4) 井喷失控涉及面广，会在国际、国内造成不良的社会影响；影响井下作业队伍的形象，对该企业的生存和发展不利。

(5) 井喷失控使钻井作业或井下作业的井况更加复杂。

(6) 井喷失控打乱全面的正常工作秩序，影响全局生产。

（五）井喷失控的原因

针对各油气田井喷失控的实例，分析井喷失控的原因，大致将其归结为以下几个方面。

1. 客观原因

(1) 多数油气井中有高压层和漏失层。施工作业时，井筒内压井液受油气层高压液体的影响,其密度逐步降低,加上漏失层的严重漏失,造成井筒内液柱压力小于地层压力,致使液柱压力与地层压力失去平衡,又无及时的补救措施,从而引起井喷。

(2)因井口设备装置、井身结构、油层套管、技术套管等内在质量问题,完井固井质量问题,以及地面、地下流体的侵蚀和长期生产维护不及时等诸多因素,导致设备损坏,套管破裂渗漏,也能引起井喷。

(3)井下工具、封隔器胶皮失灵,起钻时抽汲油层,同样会引起井喷。

2. 主观原因

1)井控意识淡薄

井控意识淡薄是导致事故发生的根本原因,如思想麻痹、违章操作、存在侥幸心理、井控制度不落实等。

(1)井口不安装防喷器。井口不安装防喷器主要是认识上的片面性,想尽量少地投入作业设备,盲目节省作业成本。

(2)认为是老油田(或者地层压力低),不会发生井喷,不需要安装防喷器。

(3)井控设备不足,只能保证重点井和特殊工艺井。

(4)井控设备的安装及试压不符合要求。

(5)防喷设备、工具不配套,设备故障等;井控装备老化,投入不足。

(6)基层钻井队或井下作业队伍应急处置能力不强,平时的应急预案演练不扎实,遇到紧急情况,手忙脚乱、动作不熟练,不能规范应对紧急情况。

(7)基层队伍尤其是井下作业队伍井控技能满足不了井控安全要求。近年来的人才断层,尤其是外雇员工的增多,造成一些基层队的干部、技术人员及岗位操作人员井控技术素质、井控知识水平偏低的局面,人为造成的事故越来越多。

(8)认为井下作业工艺简单,工期较短,用不着安装防喷器。

(9)空井时间过长,无人观察井口。

(10)洗井不彻底。

(11)不能及时发现溢流或发现溢流后处理措施不当,如在排除溢流压井过程中造成的井喷失控。

(12)规章制度不健全或执行不力。

2)起管柱产生过大的抽汲力

起管柱速度过高产生的抽汲力过大,尤其是带大直径的工具(如封隔器等)时没有控制上提速度。

3)起管柱不灌或没有灌满钻井液、修井液

起管柱不灌或没有灌满钻井液、修井液,容易诱发井喷。

4)油层套管完好程度的影响

套管有些部位腐蚀严重或其他原因导致抗压强度大幅下降。如浅气层部位的套管腐蚀致使浅层气由腐蚀产生的裂缝处侵入井内,因气侵部位距井口近,液柱压力小,浅层的油气上窜速度很快,短时间内就能到达井口,很容易让人措手不及。所以,对于生产时间长的井、腐蚀严重且有浅气层的井要特殊对待。

5)设计的影响

(1)地质设计方案未能提供准确的地层压力资料,造成思想准备不足,防范措施未落实。如使用的钻井液或修井液密度低于地层压力当量密度,致使井筒液柱压力不能平衡地层压力,导致地层流体侵入井内。

(2)施工设计方案中片面强调保护油气层而使钻井液或修井液密度偏小,导致井筒液柱压力不能平衡地层压力。

(3)由于地质、工程设计的失误,有关油层描述参数不准确,井控设计数据不准确,使钻井作业或井下作业施工带有一定的盲目性。

6)混油过量或混油不均匀

钻井液或修井液中混油过量或混油不均匀,造成液柱压力低于地层孔隙压力。

3. 不可预见的原因

(1)电测解释等技术问题,造成资料分析失误。

(2)钻井液或修井液受高压气流的影响,气侵速度加快,预防措施及手段满足不了地层突发变化的需要。

(3)自然灾害等人们不可预见的因素。

(六)井喷的预防措施

(1)井队要向全队职工进行工程、地质、钻井液和井控设备等方面的技术措施交底。

(2)落实溢流早期显示观察岗位和关井程序操作岗位,坚持井队干部24h值班制度。

(3)所有井控设备、专用工具、消防设备、电气系统应配齐并处于正常状态。

(4)井队必须严格执行钻井设计,钻井液密度及其他性能应符合设计要求,检查是否有足够的重钻井液和加重剂储备。

(5)进行班组防喷演习。各钻井班应在2min内完成任一钻井作业状态下的关井程序,控制好井口。

(6)钻油气层上部50~100m时,根据预告的地层压力,及时调整好钻井液密度和性能,用钻开油气层的钻井液循环一周,对上部裸眼地层进行承压能力试验。打开防喷器试压到额定工作压力的70%;节流管汇、闸板防喷器及以下部件试压到闸板防喷器的额定工作压力。

四、钻井作业现场环境风险评价

(一)钻井作业现场防火措施

钻井作业现场要严格按照有关井场防爆、防火规范的要求,制定防范措施,防止火灾的发生。防火措施包括:

(1)严格按照要求配备灭火器材。灭火器应放在规定的地点,并用标签注明类型、使用方法和充灌时间,过期的灭火器应及时更换。

(2)井场照明一律采用防爆灯具和防爆开关,导线负荷要达到安全要求,各接线处要密封良好,导线和金属接触部位要用瓷瓶绝缘,探照灯必须专线控制。

(3)井场内严禁烟火。井场口、钻台、循环系统、油罐等禁火区必须悬挂禁火标志牌。

(4)柴油机排气管每 10~15 天清理一次,消除内部积炭,以防排气时喷出火星。

(5)值班房、发电房、配电房、油罐距离井口不少于 30m,井场与上级调度部门保持畅通的通信联络。

(6)钻台及泵房无油污,钻台上下及井口周围禁止堆放易燃易爆物品及其他杂物。

(7)在高压油气层钻井作业中,井场不允许动用明火;特殊作业需要明火时,必须严格执行工业动火管理规定。

(二)营地防火措施

营地的防火措施包括但不限于以下几点:

(1)按消防规定配备灭火器,灭火器应放在随手可取放的地方。

(2)营地所有照明、用电设备、电器线路应符合电器安装标准。

(3)营房必须安装过载、短路、触电保护装置和电阻小于 10Ω 的接地装置。

(4)营房内严禁使用电炉和功率大于 60W 的灯泡,禁止存放和使用易燃易爆物品。

(5)将防火制度和应急措施贴在每栋营房内,以增强员工防火意识。

(6)对营房的消防设施、照明线路、灯具等用电设施进行定期检查,及时发现隐患,及时整改。

(三)防止水污染措施

(1)钻进中遇有浅层含水或含水带,下套管时应注水泥封固,防止地下水层被水层其他流体及钻井液污染。

(2)井场应与毗邻的农田隔开,不让井场内的污水、污油、钻井液等流入田间或进入溪流,以防场外表层淡水源被污染。

(3)采用气冲洗钻台、钻具,最大限度地减少污水量。若用水冲洗钻台、钻具,清洗设备的废水已被油品钻井液污染,不得直接排出井场,应引入污水储存池,经净化处理后可再冲洗钻台或配置钻井液。

(4)动力设备、水刹车等冷却水,要循环使用,节约用水;不能循环使用的,要避免被油品、钻井液污染。

(5)不得用渗井排放有毒水,以免污染浅层地下水。

(6)加强对生活垃圾的管理,对排出的废水必须进行达标排放处理。

(四)防止空气污染措施

(1)钻进中若发现有可燃性气体或有害气体溢出,应立即采取有效措施防止气涌井喷,并把可能产生的气体引入燃烧装置燃烧掉。

(2)燃烧装置应安装在钻机主导口的下侧,离钻机有一定的安全距离。

(3)如果井场靠近城市、村镇、人口密集建筑物,燃烧装置点火时要特别小心,要考虑当时的风向和其他因素,并经过演习,指定专人监视火情。

(4)井场内部不得燃烧可能产生严重烟雾或刺鼻臭味的材料。

(5)对产生颗粒性粉尘污染的作业,如注水泥、配制加重钻井液等,应采取密闭下料系统,防止粉尘污染井场环境。

(6)柴油机排气管应及时处理,防止结炭。

(五)防止噪声污染措施

钻井作业场所的设备噪声不应超过90dB,特殊设备的噪声不应该超过115dB。在城郊井,要考虑施工作业的噪声对周围环境的影响,一般不应该超过60dB。通常采取以下减噪措施:

(1)内燃机应装消声装置。

(2)噪声大的动力设备应布置在井场主导风向的下风侧,办公用房或员工宿舍应该布置在主导风的上风向,以减少噪声的影响。

(六)防止钻井液、钻屑及废油污染环境措施

(1)井场应筑足够容量的废液池,以便收集事故溢流出的钻井液或被置换的废钻井液;在任何情况下,钻井液不得排出井场。

(2)应配备封闭式钻井液配制装置,钻井用的钻井液循环使用,尽量避免用土池做钻井液循环池。

(3)一般钻井应使用水基钻井液,严格控制使用油基钻井液,若必需使用,应考虑适宜的安全和防污染措施。

(4)配置钻井液时应优先选择低毒或无毒化学剂,严禁使用国际上禁止使用的有毒化学处理剂。

(5)所有钻井液化学剂和材料,应有专人负责并严格管理,防止由于破损或下雨而流失造成污染。

(6)经常不用的钻井液,二开、三开钻替换的钻井液,必须妥善储存,防止流失造成污染。

(7)井内返出的钻屑,应结合现场具体情况妥善处理,不得造成污染。

(8)井场使用的油料要建立保管制度,经常检查储油容器及其管线、阀门的工作状况,防止油料跑失污染环境。

(9)收油、发油作业时,要先检查,后输油;输完油后要先扫线后撤管,消除"跑冒滴漏"。

(10)设备更换的废机油和清洗用过的废油,应集中回收储存,严禁就地倾倒。

(七)完井后的环境保护措施

完井后的井场,由原施工单位移交有关单位管理,井场的环境必须达到接收单位的环境保护要求。移交前,应采取以下保护环境措施:

(1)清除井场内所有废料、废油和垃圾。

(2)拆除所有地上和地下的障碍物。

(3)回收转运剩余材料、油料、钻井液,重新利用。

(4)捞净污水池和隔水池的浮油,处理完污水。

(5)废弃钻井液、岩屑全部固化处理。

(6)清理生活区,填埋或焚烧生活垃圾;恢复工区周围自然排水通道。

(7)如果钻井时由于某种原因弃井,则井眼内外要封堵,必须把油气层、水层封死,并将地面以下1m以上的套管头切除,以便复耕;同时,做好地下隐蔽工程资料档案。

(八)防冻措施

(1)冬初成立防冻领导小组,按上级防冻指挥机构的统一布置,结合本队实际,开展防冻工作。

(2)与当地气象部门取得联系,了解可能出现的最低温度、整个冬季的气候状况,并将了解到的信息向上级管理机构反馈。

(3)针对当地气候特点,做好相应的物资准备,如防寒服、防滑皮鞋、防冻霜、应急油桶、10号柴油、柴油防冻液等。

(4)做好预防工作,如裹油管线、柴油机保温、检查维修野营房的取暖防火设施等。

(5)制定紧急情况的应急措施。制定措施时要考虑人的健康安全。

(九)防暑措施

(1)平台经理、钻井工程师合理组织生产,避免岗位工人长时间连续高温工作。

(2)合理利用空调野营房,保持空调器的正常运转,为下班工人提供良好的休息环境。

(3)下班工人合理安排娱乐和休息,保证足够的睡眠,避免疲劳上岗。

(4)食堂不从市场上乱买东西,买回的粮油副食品、蔬菜肉类合理存放,保质、保鲜。

(5)炊具定期消毒,餐具用一次消一次毒。

(6)职工不乱买食物,高温作业后禁喝冷饮。

(7)医务室储备足够的防中暑药物、食物中毒急救药物、夏季流行病药物。职工有大流行病立即送医院隔离。

(8)电工在每个月的安全检查中,要对野营房的漏电保护装置、导线绝缘性进行检测,保证易燃易爆场所的绝缘、防爆能力。

(9)作业场所通风良好,保证工作设备的良好散热效果。

(10)使用好的净水器,保证饮用水符合饮用标准。

(11)卫生员负责督促搞好生产、生活区的环境卫生,厕所定期消毒。

技能训练

安全帽、安全鞋体验

一、实验意义

(1)观察重物对安全帽、安全鞋的冲击效果。

(2)体验重物冲击时头部和脚部的感觉。

二、装置简介

安全帽、安全鞋撞击实验装置主要部件包括冲击力显示窗口、升降台、电磁锁、测量仪、安全帽、开关按钮,如图3-1所示。

(a)安全帽撞击实验装置

(b)安全鞋撞击实验装置

图3-1 安全帽、安全鞋撞击实验装置

三、操作步骤

第一步,关闭安全门保证实验安全,在安全门打开的条件下不能启动设备。

第二步,用遥控器调试重锤高度至合适位置,按动下方绿色按钮释放重锤,观察显示器所显示的瞬间最大冲击力。

 开门前释放重锤,重锤提升高度距顶部不能小于20cm。

思 考 题

1. 钻井作业 HSE 风险特征是什么?
2. 钻井作业 HSE 风险的分类有哪些?
3. 钻井作业 HSE 风险控制措施包括哪些?
4. 阐述井控的概念及分类。

第四章

采油作业HSE风险识别与控制

案例导入

一、事故经过

2009年6月19日9时45分左右,某采油队采油工张某在巡回检查时发现某抽油机井皮带松动,运转时皮带打滑。张某在抽油机运转时向抽油机皮带轮内撒土以阻止皮带打滑,在撒土的过程中右手被抽油机皮带绞入皮带轮内,造成右手食指前端和无名指前端粉碎性骨折(视频4-1)。

视频4-1 采油作业中的真实伤害案例

二、事故分析

物的不安全状态和人的不安全行为是导致此次事故的直接原因。

(1)物的不安全状态。抽油机皮带松动,没有及时进行调整,造成雨天皮带槽内带水,运转时摩擦力减小皮带打滑,不符合常规游梁抽油机"皮带无油污及损坏,其松紧程度应合适"的操作要求。

(2)人的不安全行为。采油工张某安全意识淡薄,操作图省事,未充分识别现场操作存在的风险,在抽油机运转时向抽油机皮带轮内撒土以阻止皮带打滑,是事故发生的直接原因,其行为违反了企业"严禁不停抽油机处理各类问题"的管理规定。

三、安全启示

(1)认真吸取事故教训。认真剖析事故原因,查摆存在问题,严格执行岗位操作规程。举一反三,加大监督检查力度,有效执行各项规章制度,坚决杜绝类似事故重复发生。

(2)进一步强化风险识别能力,增强安全意识。深入开展全员写风险活动,重点针对工作中凭经验办事的习惯性违章行为、怕麻烦图省事的侥幸心理、粗枝大叶麻痹大意的坏习惯、出现问题拖拉敷衍的惰性思维等现象带来的潜在风险追根溯源,强化全员遵章守规、规范操作的安全意识。

(3)进一步加强员工安全操作技能培训。定期组织全员学习安全规章制度、岗位操作规程、操作卡和各种应急预案,并采取随时抽查的方式强化学习效果,进一步提高员工安全技能水平和规避风险能力。

(4)强化岗位日常巡回检查的安全管理。基层小队每天在班前会上进行安全提示和经验分享,并加强岗位现场监督检查;同时针对日常巡检中发现的异常情况,开展工作前安全分析,识别工作中存在的风险,制定并落实有效的防控措施,做好全过程的风险规避和安全生产工作。

第一节 采油作业 HSE 风险识别

一、采油概述

采油是油田开采过程中根据开发目标通过生产井和注入井对油藏采取的各项工程技术措施的总称。它所研究的是可经济有效地作用于油藏,以提高油井产量和原油采收率的各项工程技术措施的理论、工程设计方法及实施技术。

采油的任务是通过一系列可作用于油藏的工程技术措施,使油气顺畅地流入井内,并高效率地将其举升到地面进行分离和计量;其目标是经济有效地提高油井的系统效率和原油采收率。

从系统工程观点出发,采油是在油田开采大系统中处于中心地位的重要子系统,与油藏工程和矿场油气集输工程有着紧密的联系。

采油工程的特点是:在整个开采过程中的地位十分重要;遇到的问题多、难度大、涉及面广,综合性强和针对性强,各项工程技术措施间的相对独立性强。

目前,我国大多数油田已处于高含水、高采出阶段,产量递减较快,含水率上升造成油气田开采难度越来越大。

二、采油分类

一次采油:依赖地层天然压力采油。

二次采油:随着地层压力的下降,需要用注水补充地层压力的办法来采油。二次采油(通过注水补充能量)后,采取一定的物理化学方法,改变流体的性质、相态和改变气液、液液、液固相界面作用,扩大注入水的波及范围以提高驱油效率,从而大幅度提高采收率。

三次采油:通过注入一定的化学物质提高原油采收率的方法,主要有化学法、混相法、热力法和微生物法等。根据作用原理的不同,化学法又可以进一步分为碱驱、聚合物驱、表面活性剂驱及在此基础上发展出来的碱—聚合物复合驱(AP 驱)、碱—表面活性剂—聚合物复合驱(ASP 驱)或表面活性剂—碱—聚合物复合驱(SAP 驱)等。根据混相剂的不同,混相法分为溶剂混相驱、烃混相驱、气体混相驱及其他惰性气体混相驱等,近年来又开发出了气水交替驱(WAG 驱)。热力法包括蒸汽驱、火烧油层等。

三、采油相关技术

(一)完井技术

勘探井和开发井在钻井的最后阶段都要完井,完井是钻井工作最后一个重要环节,又是采油工程的开端,与后期的采油、注水及整个油气田的开发紧密相连。在石油开采中,油气井完井包括钻开油层、选择完井方法和固井、射孔作业等。对低渗层或受到钻井液严重污染的地层,还需进行酸化、水力压裂等增产改造,才能算完井。

(二)分层注水技术

分层注水是指在注水井中下入封隔器,把差异较大的油层分隔开,再用配水器进行分层配水,使高渗层注水量得到控制,中低渗油层注水得到加强,使各类油层都能发挥作用的一种注水方式。分层注水现已成为解决油田开发过程中层间矛盾,维持油田长期稳产、高产,提高采收率的重要手段。

(三)人工举升技术

油田开发过程中,当油层能量降低到一定程度,不足以将流体举升至地面时,通常需要采用人工举升技术,以保证油井的正常生产。人工举升作为采油工程的关键技术,经过多年的发展已形成了多项举升技术,满足了常规采油的需要。

根据各类油田在不同开发阶段的需要,我国发展配套和应用了多种人工举升技术。

1. 抽油机采油

抽油机是开采石油的一种机器设备,俗称"磕头机"。抽油机是有杆抽油系统中最主要的举升设备。根据是否有游梁,可分为游梁式抽油机和无游梁式抽油机。该技术是机械采油方式的主导,抽油机井数约占人工举升总井数的95%。

2. 电动潜油泵采油

该技术是潜油电动机带动电动潜油多级离心泵将井下原油举升到地面的一种人工举升技术,简称潜油电泵采油或电潜泵采油。

3. 螺杆泵采油

螺杆泵是以旋转啮合容积式原理工作的新型泵种,其主要工作部件是偏心螺杆(转子)和固定的衬套(定子)。螺杆泵被广泛应用在出砂井和稠油井中。

4. 水力活塞泵采油

水力活塞泵是一种液压传动的无杆采油设备,其井下部分主要由液马达、抽油泵和滑阀控制机构组成。动力液由地面加压后,经油管或专用动力液管传至井下,通过滑阀控制机构不断改变供给液马达的液体流向来驱动液马达做往复运动,从而带动泵进行抽油。

5. 气举采油

气举采油是当地层能量不能将液体举升到地面或满足不了产量要求时,人为地把高压气体(天然气、氮气、二氧化碳)注入井内,依靠气体降低举升管中的流压梯度(气液混合物密度),并利用其能量举升液体的人工举升方法。气举采油是基于U形管原理,通过地面向油套环空(反举)或油管(正举)注入高压气体,使其与地层流体混合,降低液柱密度和对井底的回压(井底流压),从而提高油井产量。

(四)压裂、酸化工艺技术

压裂是指采油或采气过程中,利用水力作用,使油气层形成裂缝的一种方法,又称水力压裂。压裂能人为地使地层产生裂缝,改善油在地下的流动环境,使油井产量增加,对改善油井井底流动条件和油层动用状况可起到重要的作用。

酸化是指加酸使体系由碱性或中性变成酸性的过程,是强化采油(EOR)的一种措施。

压裂、酸化是采油工程的主导工艺技术之一,为我国老油田的挖潜和新油田的开发做出了卓越的贡献。

(五)调剖堵水工艺技术

为了调整注水井的吸水剖面,提高注入水的波及系数,改善水驱效果,向地层中的高渗层注入堵剂,堵剂凝固或膨胀后,降低高渗层的渗透率,迫使注入水增加对低含水部位的驱油作用,这种工艺措施称为调剖堵水。

四、采油技术发展

我国油田大多进入了开发的中后期,开发形势也越来越严峻。面对石油可采储量减少、开发难度增大的现状,提高采油技术水平显得越发重要。在生物、信息等高新技术飞速发展的新时代下,采油技术迎来了更多的机遇,石油企业应当依靠科技力量,在采油工艺技术方面有所突破,进而保障生产,提高经济效益。

(一)生物技术在采油工程中的应用

生物技术涉及的领域众多,它应用于采油工程中,主要包括微生物勘探技术和微生物采油技术两方面。微生物勘探技术操作简单、收效快,可用于油井勘探中的评价与预测工作;微生物采油技术,更适用于高含水和近枯竭的油井开采。另外,探索生物污水处理技术,能够在很大程度上帮助解决油田废水处理的问题。

(二)信息技术在采油工程中的应用

计算机应用程序及信息技术,为石油勘探提供了必要的数据支撑。目前,信息技术在采油工程中的应用,领域逐渐延伸,层次也逐渐扩展,已经发展出油藏模拟、地震成像、盆底模拟等多项先进工艺技术。

(三)特殊岩性的采油技术

现阶段,我国油田勘探开发表现出多样化的趋势,尤其是大量火成岩、泥岩裂缝等油藏被发现,因而特殊岩性的采油技术越来越被重视。针对这类油藏,开展采油作业时,应当重视根据测试数值对地层先进行处理,并且不断研究和开发深穿透射孔、防碰压井液等技术,以提高特殊岩性采油的工作效率。

(四)油田开发的新技术

一是热力采油技术。热力采油技术就是通过提供热量,提高油井内油藏的实际温度,利用降低原油黏度的方式来减小其流动所带来的阻力。

二是复合驱油法。复合驱油法就是将多种驱油方法组合在一起的采油技术。

三是三次采油法。三次采油法保障了石油资源的利用率,近些年对该类方法的研究取得了重大突破,但除聚合物驱油法外其他类型的驱油法仍处于实验室研究阶段。

四是微生物法。微生物法在国内外油田中的应用已经取得了令人可喜的成绩,未来还需要进一步研究,以完善相关的技术细节。

五、采油作业 HSE 风险识别

在油气采输作业过程中最重要的危险是火灾爆炸,火灾爆炸可能发生在每一个油气可能泄漏的区域;其次的危险是压力容器的物理爆炸。一般危险因素主要包括人员的高处坠落、人员触电、人员灼伤、机械伤害、高空落物伤人等(表4-1)。

表4-1 采油作业主要 HSE 风险识别与控制措施

主要风险	风险源	控制措施
触电	私自拆装电器设备,私拉乱接线路,未穿戴好安全防护用具或防护用具失效	禁止私自动电,穿戴合格的劳保用品、用具
	检修电器设备时,未悬挂"禁止合闸"标志,造成突然送电	设备检修时,悬挂"禁止合闸"标志牌
	电器开关损坏漏电,漏电保护器失灵,室内线路绝缘损坏	定期检查、整改
	接地保护失效,造成机壳带电	接地线操作前先用试电笔验电
	湿手动用电器设备开关或用湿的物质去接触电器设备	禁止湿手操作
机械伤害	违章操作或未按要求穿戴劳保用品	穿戴好劳保用品,严格遵守操作规程
	转动部位没有安装保护装置或保护装置失效	在转动部位应该装保护装置并定时检查
	零部件松动、脱落后飞溅伤人	定期检查紧固各零部件

续表

主要风险	风险源	控制措施
高空坠落	恶劣天气登高作业	严禁恶劣天气登高或做好应急措施
	栏杆或护栏损坏、扶梯踏板腐蚀、开焊	加强巡检,及时整改
	未携带合格的劳保用品	作业时携带合格的劳保用品
火灾	电器线路虚接、老化,绝缘损坏,用电保护设施失灵	定期检查电器线路和保护设施
	电器设备、设施老化或超负荷运转	定期检查,严禁超负荷使用
	违章动火	严格遵守操作规程
	不按规定穿戴劳保用品,产生静电火花	正确穿戴劳保用品
	避雷设施失效	加强巡检,及时整改
	来液量过低或断流,加热炉炉管内液体气化膨胀憋压	认真巡检,掌握来液量情况,发现异常及时汇报处理
	加热炉炉管有砂眼或裂缝	定期探伤,避免高温
	加热炉炉管高温氧化或低温腐蚀,造成炉管穿孔或开裂、漏油	避免高温,停炉后关闭所有风门,放置通风
	加热炉炉管偏流、偏烧或局部过热炉管结焦,造成炉管烧穿	提高排量,严禁偏烧
	倒错流程,加热炉炉管憋压	正确倒流程
	罐体焊缝开裂、腐蚀穿孔、泄漏	检查、清理易燃物,发现异常及时处理
	油罐阀门冻裂、失灵、渗漏、憋压	定期维护,认真检查,发现问题及时维修
	阻火器堵塞、呼吸阀失灵	定期检查、保养,严格执行有关操作规程
爆炸	可燃气体报警器失灵,油气泄漏达到爆炸极限	加强巡检,及时整改
	易燃易爆场所使用非防爆工具产生火花	易燃易爆场所使用防爆工具
	燃气供应阀门不严密,加热炉炉膛内充有余气	定期检查、保养阀门
	加热炉突然熄火未及时发现、电磁阀失灵,燃料充满炉膛	加强巡检,发现问题及时汇报处理
	加热炉炉膛着火应急处理时未打开紧急放空流程	发现紧急情况,停炉停泵,打开紧急放空
	加热炉点火前,没有通风或通风时间不够	按规定要求通风,检查阀门是否漏气
	氧气瓶、乙炔瓶混放、漏气,压力表、安全阀失灵	定期检查、维护,保证压力表、安全阀完好检测、加强自检
环境污染	管线腐蚀穿孔	加强巡检,及时处理
	油罐冒罐或腐蚀穿孔	
	不法分子破坏	
物体打击	违章操作	按操作规程操作
	阀门丝杠打出	开关阀门时侧位站立
	管线穿孔	加强巡检,及时处理
	高空坠物	注意站在合适位置

续表

主要风险	风险源	控制措施
淹溺	没有防护装置	安装防护装置
	护栏的焊口断裂	加强检查,及时处理
	失足落水	巡检时注意自身安全
中毒	有毒有害气体泄漏	加强检查,及时处理
	作业场所通风不畅	加强作业场所通风
噪声伤害	发电机运转产生的噪声、机泵运转产生的噪声	安装降噪声装置,佩戴耳罩
灼烫	采暖管线穿孔	穿戴劳保用品,按操作规程操作
	化验室做样时烧瓶、恒温浴缸破裂、高温物体	
车辆伤害	车辆碰撞损坏	执行一日三检制度和操作规程
人员受伤		加强培训教育、提高驾驶技能

采油作业中安全装置及附件监测情况见表4-2。

表4-2 安全装置及附件监测表

安全装置名称	监测周期	监测内容	监测标准	检测方式
强检压力表	每半年强检一次	外表、误差是否合格	误差、外表合格	送检
	每月自检一次	外表、是否落零	压力落零,外表清洁	自检
安全阀	每年强检一次	检测压力	完好无损	送检
灭火器	每月检查一次	胶管、压力指针、铅封	无老化破损,在绿色区域,有铅封	自检
	使用超过5年的,室外一年、室内两年强检一次	壳体、胶管、压力指针	无锈蚀,无老化破损,在绿色区域	送检
设备设施接零接地	每年检测一次	接地阻值	有无松动、断损,阻值在规定范围,有无检测牌	专业人员检测
可燃气体报警器	每年强检一次	可燃气体浓度显示	无误报,无错报,无失灵现象	专业人员检测
漏电保护器	每年强检一次	检测动作时间	动作时间在规定范围	专业人员检测
绝缘手套	每半年强检一次	强检试验	强检数据符合要求,无油污,无破损	送检
验电笔	每月检查一次	验电性能、外表	验电合格,外表无破损	自检
拉闸杆	每一年强检一次	强检试验	强检数据符合要求,无破损	送检
绝缘靴	每半年强检一次	强检试验	强检数据符合要求,无油污,无破损	送检
防雷避电装置	每年强检一次	接地阻值	有无松动、断损,阻值在规定范围,有无检测牌	专业人员检测
熄火报警器	每年强检一次	可燃气体浓度显示	无误报,无错报,无失灵现象	专业人员检测
	每月检查一次	齐全、是否报警	无误报,无错报,无失灵现象	自检

续表

安全装置名称	监测周期	监测内容	监测标准	检测方式
应急灯	每周检查一次	断电情况下是否照明	检验断电情况下照明完好	自检
长停井	每天	井口	井口封闭,无油气水外溢	班组员工
	每周			

第二节　采油作业 HSE 风险控制

一、采油作业风险控制措施

(一)预防设备爆炸措施

1. 设计

锅炉、分离器、场站管线等设备,要由有资质的单位按设计规范设计;材质和强度要能够保证满足使用要求。

2. 安装

锅炉、分离器、场站管线等设备要由有资质的专业队伍安装,安装完工后要经试压验收,合格后方能投入使用。

3. 操作管理

操作人员要持证上岗,做到"三懂四会";按规定时间和内容对设备进行维护保养;对分离器、锅炉要严格执行《固定式压力容器安全技术监察规程》;严禁压力容器、管线超压,严禁设备超负荷运行。

(二)防火防爆措施

(1)油气田建设严格执行防火规定。

(2)加强上岗前培训。

(3)加强防火防爆安全教育。

(4)搞好"三标班组"建设,即"标准岗位、标准现场、标准班组"建设。

(5)加强设备管理,杜绝气液泄漏。

(6)不得携带火种到油库罐区,不得穿钉子鞋和化纤衣服。

(7)不得有明火,并配备足够的灭火设施。

(8)必须使用防爆电器。

(9)做好防静电措施,易燃易爆场所的电器、分离器、油罐等必须接地。

(10)应配备甲烷监测仪,随时监测空气中甲烷浓度。

(11)易燃易爆场所应严格执行动火管理。

(三)防中毒措施

(1)防甲醇中毒。作业场所要通风;操作人员位于上风,以免吸入甲醇蒸气;戴防毒面具操作。

(2)防铅中毒。作业时要穿戴好劳保用品,避免与它们直接接触;有铅车间应通风良好。

(3)防 H_2S 中毒。

(四)站场风险控制措施

(1)为防止油气生产设施超压,在井下、地面设置高低压安全截断阀;对水套加热炉进行监视,并且进行熄火保护。

(2)集输站场配置固定式 H_2S 监测仪,24h 连续监测现场空气中 H_2S 浓度。

(3)站场工艺装置按2区防爆危险场所的电气装置设计、选型,其电气安装按 GB 50257—2014《电气装置安装工程 爆炸和火灾危险环境电气装置施工及验收规范》有关要求进行施工和验收。

(4)站场均设移动式灭火装置,作业区和矿部设水消防。

(5)站内设置静电接地装置和防雷接地装置。

(6)采用零泄漏阀门。

(7)采用监控与数据采集系统,对工艺过程、设备状态进行监控、检测、数据采集并设置安全联锁装置。

(8)天然气站场内设有安全检修置换口。

(9)从安全设置和防止 H_2S 泄漏方面考虑,共设三级安全系统,即系统安全报警、系统安全截断和系统安全放空。

(10)在进站管道上设置紧急截断系统,当管线发生事故或站场发生火灾时,紧急自动截断,以实现在事故状态下对站场的保护。

(11)工艺设备采用相应等级的防爆设备。

(12)站场的总体布置按设计规范进行,保持各区的安全距离。

(13)站场根据所需实现的功能分区块设计,各区块之间采用消防道路进行隔离。

(14)设置安全放空设施,在事故状态、检修等情况下可自动放空。

(五)预防管道事故的控制措施

(1)从设计上提出零事故的设计原则,以达到本质安全的指导思想。

(2)集气管道参照 GB 50251—2015《输气管道工程设计规范》、集油管道按 GB 50253—2014《输油管道工程设计规范》进行设计。

(3)提高管道设计强度。

(4)对湿气管道采用缓蚀剂加注方案,并利用在线腐蚀系统评定系统腐蚀情况,做好腐蚀控制。

(5)借鉴国外含硫油气田安全设计方法,截断阀室设置距离根据管道沿线地区等级及管道内 H_2S 的含量来确定。

(6)站场内设有安全检修置换口,在正常检修情况下,利用净化天然气可将检修管道、设备内的 H_2S 气体通过放空管线燃烧后排放,达到安全检修的目的;还可在超压或失压情况下自动快速截断,保护气井和地面设施。

(7)高含硫天然气集输时,在各单井进站的高压区、油气取样区、排污放空区、油水罐等易泄漏 H_2S 的区域均应设置醒目的标志,并设置固定的 H_2S 监测探头,同时在探头附近设置报警喇叭。

(8)为确保试压安全,采用水进行强度试压。

(9)管道与学校、加油站等人口密集区或危险区的距离应大于 1000m。

(10)高含硫天然气集输生产管理与操作人员都应有严格的岗位责任制,定岗定员。

(11)现场操作人员操作时,应严格按操作手册执行。

(12)建立明确的奖惩制度。

(13)高含硫气井投产前应编制气井与管道事故状态时的应急预案,并对操作人员进行全面培训,应急预案必须熟练掌握。

(14)高含硫设备检修前,必须编制检修和施工作业方案,同时实行许可制度,必须在方案批复和获得许可后,方能进行检修和施工作业。在进行清管操作和容器内检修作业时,检修作业人员必须配戴正压式空气呼吸器。

(15)重点监测区应设醒目标志;在进入重点作业区时,应配戴 H_2S 监测仪和正压式空气呼吸器,至少两人同行,一人作业,一人监护。

(16)操作人员进入高含硫天然气站区等 H_2S 易于积聚的区域时,应配戴便携式 H_2S 监测报警仪。

(17)当 H_2S 浓度较高时,应及时疏散下风向人员,作业人员应戴上防护用具,禁止动用电、气焊;抢救人员进入戒备状态;应查明泄漏原因,迅速采取措施,控制泄漏,向上级报告情况。

(18)加强巡线频率,防止在管道附近施工破坏管道。

(19)强化作业人员的安全意识。

二、采油作业现场环境保护措施

(一)水污染防治措施

(1)油气田产出水回注是解决油气田水污染的好办法,适宜注水开采的油气田,应将采出水处理至满足回注水质标准后进行回注。

(2)在油气开发过程中,未回注的油气田产出水在处理达标后方可排放。

(3)油气田产出水矿化度的范围一般是 $10^3 \sim 10^6$ mg/L。对于矿化度在 10^6 mg/L 以上、且其中含有钠、钾、硼、溴、碘等元素的产出水,可考虑综合利用。综合利用的一种方案是先制盐,然后用制盐余下的母液提取化工产品;另一种方案是先用空气吹除——离子交换,以提取化工产品,然后再制盐。

(二)大气污染防治措施

(1)减少天然气放空。在天然气生产过程中,迫不得已要放空时,搞好场站管道设计,在大管道沿线合理设计截断阀,使每次放空量减少;放空前把管道余气输往低压系统或低压用气户,降低管道压力,以减少放空气量。

(2)减少排污跑气。站场排污、管线放水器放水和通球清管作业应平稳操作,尽量减少排污过程中放入大气的气量。

(3)减少设备管线泄漏。搞好设备维护保养,加强输气干线监控,发现泄漏及时处理,以减少设备管线泄漏。

(4)放空的天然气要烧掉。

(三)噪声污染防治措施

1. 设计采输系统时应充分考虑噪声影响

(1)调压器、分离器、压缩机等产生噪声的设备应尽量远离民房和工人居住区。

(2)控制天然气流速。噪声随天然气流速的增加而增加,可用管径和压降大小来控制采输系统流速。一般低压管线天然气流速不大于 5m/s,配气管网天然气流速为 15m/s,中压管线天然气流速为 20m/s。

(3)管线埋地。土壤能吸收噪声,将管线埋地后,环境噪声会大大下降。

(4)应用柔性连接。调压器和输气管线间采用钢丝橡胶管或弹性橡胶垫等柔性连接,可减少振动,降低噪声。

2. 使用隔声罩或隔声套

这些设备由吸音性好的材料制成,能大大降低环境噪声。

3. 建隔声墙

有的产生噪声的设备不便用隔声罩和隔声套,可用吸音性好的矿渣空心砖砌围墙,降低环境噪声。

4. 将设备置于地下

把分离器、调压器、压缩机、天然气发动机、高压多缸柱塞泵安装在地下会大大降低环境噪声。

5. 穿戴好劳保用品

操作工人必须操作管理高噪声设备时,要使用耳塞、护耳器、专用隔音头盔等个人防护用具。

(四)清洁生产

《中华人民共和国清洁生产促进法》对清洁生产的定义是指不断采取改进设计、使用清洁的能源和原料、采用先进的工艺技术与设备、改善管理、综合利用等措施,从源头消减污染,提高资源利用率,减少或者避免生产、服务和产品使用过程中污染物的产生和排放,以减轻或消除对人类健康和环境的危害。实施清洁生产的主要方法是开展清洁生产审核。石油企业开展清洁生产不仅是实现可持续发展战略的需要,同时也是控制环境污染的重要手段,是提高市场竞争力的有效途径,是石油企业实现经济与环境协调发展的重要举措。

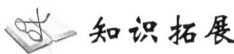

某采油队 HSE 作业指导书

一、HSE 管理组织及职责

(一)HSE 管理组织

HSE 管理组织网络如图 4-1 所示。

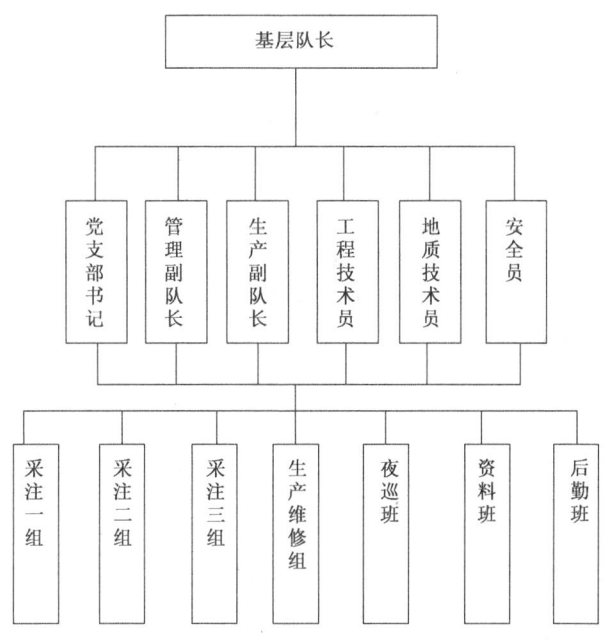

图 4-1 HSE 管理组织网络图

(二)HSE 管理小组职责

(1)负责保证本单位 HSE 管理体系中 HSE 部分的正常运行。

(2)负责制定、完善本单位 HSE 管理文件和应急预案。

(3)负责本单位全体员工的安全、环境培训与应急演练。

(4)施工现场发生应急事故时,负责应急预案的实施与现场协调。

二、岗位设置与职责

(一)岗位设置

依据《油田公司岗位设置标准及"五定"工作方案》中的相关规定,采油一队领导班子的岗位构成为基层队长岗、党支部书记岗、管理副队长岗、生产副队长岗、工程技术员岗、地质技术员岗、安全员岗等岗位,操作岗位涉及采油工岗、采油资料员岗、采油计量岗、采油测试岗、采油化验工岗、维修电工岗、电焊岗、气焊岗、驾驶员岗9个岗位。

(二)岗位职责

1. 基层队长岗

1)岗位条件

(1)文化素质:具有中专及以上文化程度。

(2)技术素质:具有技术员以上技术职称,从事管理或技术等相关岗位工作三年以上。

(3)业务素质:有丰富的生产经营管理经验,掌握相关的地质、工程理论知识,能组织和协调全队的各项工作,能迅速解决和处理生产中出现的各种问题或突发事件。

(4)身体素质:身体健康,能够胜任本岗位的工作。

(5)工作表现:具有较强的责任心,顾全大局,有较强的整体意识,坚持原则,廉洁奉公,有良好的职业道德和较强的事业心。

2)岗位职责

(1)严格执行国家安全生产规章制度和本岗位操作规程。

(2)全面负责本队 HSE 管理工作。

(3)负责上级各种 HSE 相关规定和有关规章制度在本队的贯彻执行。

(4)负责组织制定并实施本队 HSE 管理规定、安全技术操作规程和应急预案。

(5)负责组织对新员工和转岗人员进行岗位 HSE 教育,开展岗位练兵,定期组织安全技术考核,组织并参加班组 HSE 活动。

(6)负责定期组织全队 HSE 检查,落实隐患整改,保证设备设施、安全装置、应急物资处于完好状态。

(7)负责定期组织检查评审本队的 HSE 管理体系运行情况,及时纠正不符合项,不断提高体系运行水平。

(8)负责对本单位发生的应急事故组织实施应急预案和现场协调指挥。

(9)负责及时处理、上报本队发生的各类安全事故。

(10)履行《员工劳动合同》《员工安全生产合同》中规定的权利与义务。

2. 党支部书记岗

1)岗位条件:

(1)文化素质:具有中专及以上文化程度。

(2)技术素质:具有政工员及以上任职资格,在相关岗位工作三年以上。

(3)业务素质:具有丰富的政工理论知识,能够贯彻党的路线方针、政策,做好职工队伍建设工作;能够及时掌握职工的思想动态,做好职工的思想工作和后勤保障工作。

(4)身体素质:身体健康,能够胜任本岗位的工作。

(5)工作表现:具有较强的责任心、事业心及主人翁意识,能够爱岗敬业、坚持原则、廉洁奉公。

2)岗位职责

(1)严格执行国家安全生产规章制度和本岗位操作规程。

(2)协助队长对本单位HSE管理工作运行情况进行检查、指导。

(3)负责组织本队开展群众性HSE竞赛和合理化建议活动。

(4)负责组织开展群众性的风险评估活动,消除职业危害。

(5)协助队长调查处理各类安全环保事故。

(6)履行《员工劳动合同》《员工安全生产合同》中规定的权利与义务。

3. 管理副队长岗

1)岗位条件

(1)文化素质:具有中专及以上文化程度,具有较强的专业理论知识。

(2)技术素质:具有助工及以上技术任职资格,在相关岗位工作三年以上。

(3)业务素质:能够制定本队的考核政策并且组织实施,对各项指标进行合理分解并组织实施,能够组织好全队的现场管理工作并组织检查。

(4)身体素质:身体健康,能够胜任本岗位的工作。

(5)工作表现:具有较强的责任心、事业心,坚持原则、廉洁奉公,对工作认真负责,能刻苦钻研业务,有良好的道德。

2)岗位职责

(1)严格执行国家安全生产规章制度和本岗位操作规程。

(2)在队长领导下对所管辖业务范围的安全生产工作负责,严格遵守安全生产规章制度,努力学习安全生产技术知识,严格执行安全制度组织和指挥生产。

(3)抓好职工安全教育活动,消除安全隐患,防止事故发生。

(4)加强对员工特别是新工人的安全生产教育,纠正和制止"三违"行为。

(5)协助调查和参与处理本单位发生的各类事故。

(6)做好季节转换、节假日的安全教育和特殊作业前的安全教育。

(7)履行《员工劳动合同》《员工安全生产合同》中规定的权利与义务。

4. 生产副队长岗

1)岗位条件

(1)文化素质:具有中专及以上文化程度,具有较强的专业理论知识。

(2)技术素质:具有助工及以上技术任职资格,在相关岗位工作三年以上。

(3)业务素质:具有一定的领导、组织、协调和管理能力,能够迅速解决和处理生产中出现的各种问题或突发事件,具有较高的安全知识和安全意识。

(4)身体素质:身体健康,能够胜任本岗位的工作。

(5)工作表现:具有较强的责任心、事业心,对工作认真负责。

2)岗位职责

(1)严格执行国家安全生产规章制度和本岗位操作规程。

(2)协助队长在本队范围内开展好安全工作,对本队安全生产负直接领导责任。

(3)直接领导、布置、安排和检查本单位安全生产工作,组织制定全队安全工作计划,组织审查安全技术措施计划。

(4)对查出的各类事故隐患组织安排整改或制定防范措施。

(5)协助队长开好安全领导小组会议和每周次安全活动,及时向领导班子通报安全生产工作情况。

(6)履行《员工劳动合同》《员工安全生产合同》中规定的权利与义务。

5. 工程技术员岗

1)岗位条件

(1)文化素质:中专及以上文化程度。

(2)技术素质:取得技术员及以上技术职称,在相关岗位工作两年以上。

(3)业务素质:熟练掌握全队各生产部位的工艺流程,掌握抽油设备的主要结构、性能、生产参数,能熟练解决生产中出现的各种问题并提出建议。

(4)身体素质:身体健康,能够胜任本岗位工作。

(5)工作表现:有较强的责任心、事业心,有集体荣誉感,爱岗敬业、吃苦耐劳。

2)岗位职责

(1)严格执行国家安全生产规章制度和本岗位操作规程。

(2)在所管的业务范围内,对本队安全技术问题负责。

(3)对本队机械、动力设备,按规定组织定期检查、鉴定,并安排做好设备的维修保养工作。

(4)参加本队安全检查,对设备、工艺方面的问题进行调查、分析、统计、上报和处理。

(5)履行《员工劳动合同》《员工安全生产合同》中规定的权利与义务。

6. 地质技术员岗

1)岗位条件

(1)文化素质:具有中专以上文化程度。

(2)技术素质:具有技术员及以上技术职称,在相关岗位工作两年以上。

(3)业务素质:熟悉油田开发知识,能够针对油田开发中及油水井生产中出现的问题制定出针对性措施,并做好生产管理和指标管理。

(4)身体素质:身体健康,能够胜任本岗位工作。

(5)工作表现:具有较强的责任心、事业心,爱岗敬业。

2)岗位职责

(1)严格执行国家安全生产规章制度和本岗位操作规程。

(2)在所管的业务范围内,对本队安全技术问题负责。

(3)了解本队所管辖油水井开采层位、地层状况,保证油田开采过程中不会由于地层的压力波动造成环境污染或人事伤害。

(4)负责监督全队油水井地址资料的录取,并保证录取时安全环保。

(5)负责油水井小修地址设计的编写工作,保证油水井修井过程中,不因资料的失误造成安全环保事故。

(6)履行《员工劳动合同》《员工安全生产合同》中规定的权利与义务。

7. 安全员岗

1)岗位条件

(1)文化素质:高中及以上文化程度。

(2)技术素质:考取采油工初级以上等级证书,有从事采油工工作经验,获得生产经营单位安全生产管理人员安全资格培训合格证,熟悉本岗位生产特点。

(3)业务素质:懂得采油生产作业基本知识及生产作业过程,掌握全队危险点源,熟悉安全管理工作。

2)岗位职责

(1)负责执行本岗位规章制度和安全技术操作规程。

(2)负责采油队施工现场的安全监督工作。

(3)负责采油队安全生产日常检查和环保监督工作。

(4)负责采油队消防器材、安全附件的配置检查工作。

(5)负责采油队安全教育工作。

(6)履行《员工劳动合同》《员工安全生产合同》中规定的权利与义务。

操作岗上岗条件及岗位职责详见各岗位HSE作业指导书。

三、员工岗位培训

采油队根据工作需要和员工技能实际,结合上年度培训工作及上级年度培训计划,制定本单位员工岗位培训计划,完善员工岗位培训制度,开展岗位练兵及技术比武等多种形式的员工岗位培训活动。

(1)新入厂、转岗(不同工种、岗位之间的转换)的员工在上岗前必须接受脱产培训,培训内容为采油队(站)安全教育和专业安全技术。

(2)采油队根据季节特点,组织员工进行换季教育,并做好记录。

(3)采油队结合节假日对员工进行节前安全教育,并做好记录。

(4)采油队每天由队干部进行班前安全讲话,传达上级有关安全管理文件、会议精神及通知;每周针对生产实际由队长开展一次安全教育,并填写安全活动记录本;

(5)采油队每半年组织员工开展一次应急演习,提高员工处理应急事件的能力。

四、HSE 相关文件及规定

(一)程序文件和作业文件

略。

(二)相关标准

略。

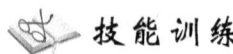

触 电 体 验

一、触电的概念和危害

触电是电击伤的俗称,通常是指人体直接触及电源,或者高压电经过空气或其他导电介质传递电流通过人体时引起的组织损伤和功能障碍,重者会发生心跳和呼吸骤停,超过1000V的高压电还可引起灼伤。闪电损伤(雷击)属于高压电损伤范畴。

电击伤时因大量组织的损伤和溶血可引起高钾血症;肌肉强烈收缩和抽搐可使四肢关节脱位和骨折,脊柱旁肌肉强烈收缩甚至会引起脊柱压缩性骨折;神经系统后遗症有失明、耳聋、周围神经病变、上升性或横断性脊髓病变和侧索硬化症,也可能发生肢体单瘫或偏瘫;肢体灼伤引起远端供血不足和发生组织坏死;少数受高压电损伤患者可发生胃肠道功能紊乱、肠穿孔、胆囊局部坏死、胰腺灶性坏死、肝脏损害并伴有凝血机制障碍、白内障和性格改变。

二、触电的原因

触电的原因很多,主要有缺乏安全用电知识,安装和维修电器、电线不按规程操作,电线上挂吊衣物。高温、高湿和出汗使皮肤表面电阻降低,也容易引起触电。意外事故中电线折断落到人体及雷雨时大树下躲雨或用铁柄伞而被闪电击中,都可引起触电。

三、模拟触电装置

模拟触电装置由计算机软件、触电系统、单片机、控制面板共同组成,其原理是模拟人体瞬间触电的感觉,使人体验真实触电感觉,但不会对人体造成任何伤害。

四、触电后采取的应急措施

一是迅速脱离电源。根据触电现场的环境和条件,采取最安全而又最迅速的办法切断电源或使触电者脱离电源。常有方法有以下几种:

(1)关闭电源。若触电发生在家中或开关附近,迅速关闭电源开关、拉开电源总闸刀是最简单、安全而有效的方法。

(2)挑开电线。用干燥木棒、竹竿等将电线从触电者身上挑开,并将此电线固定好,避免他人触电。

(3)斩断电路。若在野外或远离电源开关的地方,尤其是雨天,不便接近触电者以挑开电源线时,可在现场20m以外用绝缘钳子或干燥木柄的铁锹、斧头、刀等将电线斩断。

(4)"拉开"触电者。若触电者不幸全身趴在铁壳机器上,抢救者可在自己脚下垫一块干燥木板或塑料板,用干燥绝缘的布条、绳子或用衣服绕成绳条状套在触电者身上将其拉离电源。

在使触电者脱离电源的整个过程中必须防止自身触电,注意以下几点:

(1)必须严格保持自己与触电者绝缘,不直接接触触电者,选用的器材必须有绝缘性能。若对所用器材绝缘性能无把握,则在操作时,脚下垫干燥木块、厚塑料块等绝缘物品,使自己与大地绝缘。

(2)在雨天野外抢救触电者时,一切原先有绝缘性能的器材都因淋湿而失去绝缘性能,因此更需注意。

(3)野外高压电线触电,注意跨步电压的可能性并予以防止,最好是选择20m以外切断电源;确实需要进出危险地带,需保证单脚着地跨跳步进出,绝对不许双脚同时着地。

二是有缺氧指征者给予吸氧。

三是进行心肺复苏。

(1)对呼吸微弱或不规则、甚至停止,而心搏尚存在者,应立即进行口对口人工呼吸,或仰卧压胸、俯卧压背式人工呼吸,有条件者可行气管插管气囊或呼吸机辅助呼吸。

(2)对心搏停止,而呼吸尚存在者,应立即行胸外按压;对心室颤动者,有条件时应用非同步直流电除颤。

(3)对心跳、呼吸骤停者即刻进行心肺复苏(CPR)。

四是保护体表电灼伤创面。

(1)体表电灼伤创面周围皮肤用碘伏处理后,加盖无菌敷料包扎,以减少污染。

(2)若伤口继发性出血,应给予相应处理。

五是对症处理。

(1)积极防治脑水肿、急性肾衰等并发症。

(2)纠正水、电解质、酸碱平衡失调。

(3)对骨折者应给予适当固定。

(4)应用抗生素防治感染。

(5)对心跳呼吸骤停者应建立有效通气与给氧,心跳恢复或在有效心脏按压的同时转送医院。危重患者建立静脉通道;检查是否存在其他合并外伤,如电击伤后从高处跌落致骨折等创伤;同时监测生命体征。

思 考 题

1. 采油作业的HSE风险预防措施有哪些?
2. 采油作业中最重要的HSE风险是什么?
3. 采油技术的发展方向有哪些?

第五章

井下作业HSE风险识别与控制

案例导入

一、事故经过

2016年9月8日,大港油田井下作业公司某小修作业队在某井进行起隔热管施工,起出80根隔热管后,下管柱脱扣落井。然后小班工人进行倒四通作业施工,在卸井口螺栓过程中,由于作业人员HSE意识观念淡薄,井口未按照要求安装自封封井器,导致操作过程中不慎将管钳落入井内,后经多次钳模打印、打捞等作业均无效果,只好转大修作业。

二、事故分析

在倒四通施工中,作业工事前没有进行风险评估,识别风险点源,没有考虑到会出现井口小件落物的可能性。一作业工在拆卸井口螺栓时,随手将管钳放在四通上平面,导致管钳落入井内,给打捞工作带来困难,使得常规打捞作业复杂化,造成油井由小修作业转为大修作业事故。

三、安全启示

井下作业队在HSE管理中,只有不断强化安全意识,贯彻HSE理念,积极开展HSE风险识别与控制工作,经常进行自查自改,加深印象,督促大家注意安全,使警钟长鸣有形有实,传授安全知识、安全经验,日积月累,培养安全敏感性,避免类似事故、事件的发生,促进企业HSE文化氛围的形成,养成好的安全习惯。

第一节 井下作业HSE风险识别

由于井下作业工艺阶段性强,员工在不同生产阶段有不同岗位,存在一人多岗现象。因此,在描述岗位分布时,应先列出工艺流程,然后将不同阶段各岗位及风险源分布制成图,对大致相同岗位的作业项目、不同岗位分别进行风险识别和控制。作业队组织结构图如图5-1所示。

作业队按照甲方的技术要求,依据地质设计方案、工艺设计方案,做出井下作业施工设计

第五章 井下作业HSE风险识别与控制

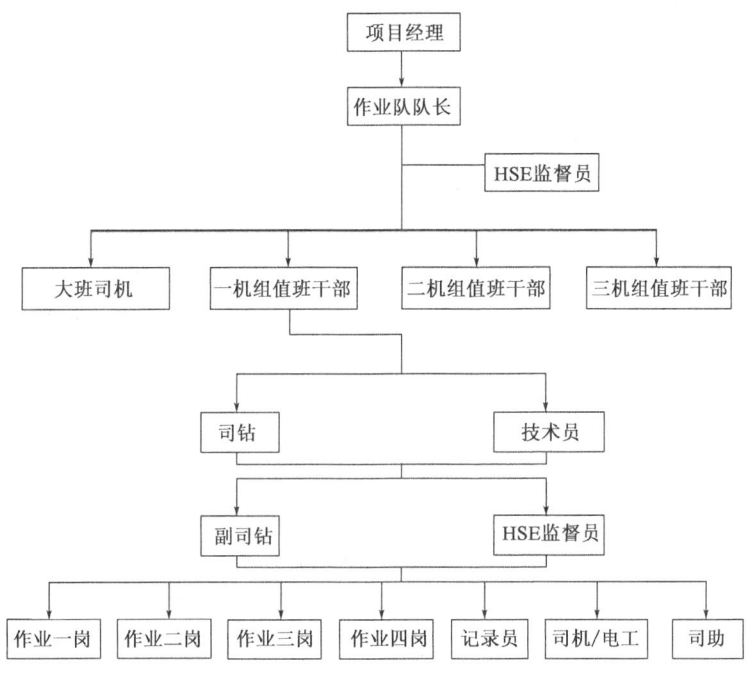

图 5-1 作业队组织结构图

方案,其简要施工工艺流程一般为:搬迁→安装→通洗井→施工作业→验收→交井。作业队根据主要工序流程图及风险源,对潜在风险一一进行识别和控制。井下作业作为油气生产必不可少的环节,它伴随油井由诞生、开采,直至被废弃,因此在石油工业中占有着重要地位。井下作业施工因其作业点多、作业面广,涉及各种各样的施工,危险因素和安全隐患也较复杂,概括起来可归纳为以下几个方面:作业现场、作业岗位、作业途中、搬迁作业、起下作业、带砂作业、打捞解卡作业、磨套铣作业、射孔作业、带酸作业、高压作业及防喷防爆等。

一、作业现场风险识别

作业现场是高危场所,以下危害因素可能危及作业现场操作者的安全和健康:落物伤害;车辆伤害;触电伤害;火灾伤害;高处坠落伤害;物体打击伤害;中毒窒息伤害;井喷失控伤害;现场泥泞摔伤;爆炸伤害;井架倒塌伤害;上下班房摔伤;检修液压钳及换钳牙不切断动力源伤害;小钩安全装置失效伤害;吊环断裂伤害;吊卡月牙安全销失效伤害;正翻驴头挤伤;地锚拔出伤害;噪声伤害;震动伤害;酸液灼伤;起重伤害;操作失误顶撞天车伤害;跨骑油管伤害;跨骑管线伤害;观看仪表站位不安全伤害;开关阀门站位不安全伤害;排放电缆站位不安全伤害;冲砂未拴安全绳水龙头脱出伤害;观察排液出口站位不安全伤害;作业机刹车失灵伤害;用手抓扶光杆伤害。

二、作业岗位风险识别

(一)技术员岗

技术员岗存在以下风险:三设计(即地质设计、工艺设计、施工设计)安全措施和井控措施不齐全,施工过程中潜在的危险因素识别不清,技术交底和应急预案交底针对性不强,作业指导书不具有指导意义;井控设施不按期校验且安装不标准,重点工序施工安全防范措施不到位;新工艺、新技术没有操作规程盲目使用,化验油水防火防爆设施不全或违反操作规程易引发火灾爆炸事故;开关阀门、观察仪表站位不安全伤害,跨骑管线伤害。

(二)场地岗

场地岗存在以下风险:拉送油管、油杆站位不安全伤害,地锚绷绳周围站位不安全伤害,调整绷绳跨骑伤害,搬运工具用具姿势不对、配合不当;井场泥泞,油管、油杆弹起,防喷管线出口、排放电缆站在电泵支架前方伤害;解卡时站在井架正前方、通井机与井架之间伤害,离抽油机底座3m内伤害。

(三)井口岗

井口岗存在以下风险:吊环断裂伤害,吊环弹出伤害,液压钳伤害,大绳断开伤害,油管杆吊卡脱出伤害;正对阀门及进出口伤害,小钩脱落伤害,井口泥泞滑倒伤害,井架倒塌伤害;有毒气体和液体伤害,落物伤害,油管倒扣对扣伤害,顶天车伤害;通井机刹车失灵伤害,套管内外侧阀门开关不正确,司钻操作不平稳导致伤害,逃生路线不畅遇险时不能迅速逃生。

(四)资料岗

资料岗存在以下风险:地线松脱或深度不够伤害,电线老化裸露触电伤害;上下班房摔伤,现场泥泞摔伤,搬抬井下工具扭伤,拖挂班房脱钩挤伤,电热管烫伤。

(五)班长(司钻岗)

班长(司钻岗)存在以下风险:各刹车丝杠及调整螺钉松脱伤害;刹车带断裂伤害;拉力表失灵伤害;大绳断裂伤害;大钩断裂伤害;天车部件脱落伤害;死绳头卡子松脱伤害;活绳头卡子松脱伤害;上下机车摔伤;逃生路线不畅通;防碰天车不起作用伤害。

(六)司机岗

司机岗存在以下风险:发动机旋转部位伤害;调整风扇皮带伤害;电瓶液伤害;行走转向、行走刹车调整不当伤害;水箱开锅伤害;飞车伤害;上下通井机伤害;火灾伤害。

三、作业途中风险识别

人货混装挤伤乘车人;行车时违反交通规则,导致交通事故伤害;车辆未停稳盲目上下车导致摔伤;将头部或身体其他部位伸出车厢体和驾驶室导致来往车辆刮伤;装卸工用具配合不协调被砸伤;盲目驶过架空的管线、电缆线,将电缆和管线刮坏。

四、搬迁作业风险识别

摘挂班房拖钩时站位不当挤伤操作者;值班房超长超宽易发生刮碰伤害;在行驶中的值班房上坐人易发生砸碰伤害;盲目驶过架空的管线、电缆线,将电缆线、管线刮坏;拖钩保险绳松脱导致值班房与主车脱离,导致事故;驾驶员不注意观察、强超强会导致交通事故;刹车、转向、轮胎故障导致事故(图5-2)。

图5-2 搬迁作业事故图

五、起下作业风险识别

起下作业是井下作业最频繁的施工之一。由于起下作业前没有检查刹车系统,刹车失控造成顿钻事故,或超速起下造成顿钻甚至落物事故;没有检查提升系统,在重负荷作用下,发生大绳断落事故;井口操作不熟练造成单吊环伤人事故;无证操作,不熟练绞车操作规程而发生顶天车、顿钻,甚至管柱落井等恶性事故。

六、带砂作业风险识别

带砂作业主要指冲砂、填砂、防砂、压裂等作业。由于施工中地层砂或工程砂均需经过油管或油套管环空,因此,均有沉砂卡钻的危险。冲砂施工会因排量过小、接单根过慢、循环冲洗不充分等造成砂卡管柱;填砂施工会因填砂后上起管柱不够高而砂卡管柱;防砂施工会因携砂液能变坏等原因而砂卡管柱,或因防砂工具掉落造成落物事故;压裂施工会因混砂比过大、加砂速度过快、排量过小及压后放压过猛等造成砂堵、砂卡事故。

七、打捞解卡作业风险识别

打捞解卡作业是处理井下事故的作业,由于井下事故情况千差万别,并且打捞解卡负荷较大,易发生提升系统大绳断裂、井架倒塌事故;还会因打捞操作失误,选择工具、下探深度不当等,造成遇卡遇阻等事故;高压作业中解卡施工排量、钻压、转速等参数控制不当也会造成事故。

八、磨套铣作业风险识别

磨套铣作业会由于工具选择不当、管柱配合不当造成卡阻或偏磨,也可因转速、钻压、排量等参数控制不当造成憋卡或磨屑卡钻等。

九、射孔作业风险识别

射孔作业是井下作业施工的重要工序,也是易发生井喷事故的作业。施工前会因没有合理选配压井液而引发井喷;或因没有合理选择射孔方式造成事故;还会因防喷装置没有检查、试压而发生井喷,以及没有准备好抢喷工具和配件,致使抢喷失败造成事故。

十、带酸作业风险识别

带酸作业主要指酸化、酸压作业。由于酸的腐蚀性及高压作业的风险,易发生人员烧伤,设备管线、管柱故障等,应严格检查管线、管柱及井口装置,防止事故发生。

十一、高压作业风险识别

高压作业主要包括封堵、压裂、气举、气井等作业。由于这些作业均属高压作业,固定等问题会造成管线刺漏、闸阀渗漏及管柱弯曲等故障。封堵作业会因堵剂性能变坏、施工超时、管柱漏失等造成卡阻或施工失败。压裂作业会因油管强度不够、压裂液变质、封隔器不工作及放压控制不当造成事故。气举作业会因放喷控制不当引起地层出砂造成事故。气井作业不但在高压下作业,而且易引发井喷爆炸事故;井口装置、防喷器等选择、检查、试压等问题还会造成井口失控;还会因射孔、压井、排液等措施不当引起井喷,甚至爆炸等。

十二、防喷防爆风险识别

防喷防爆在井下作业施工中非常重要,也是造成井下作业重大事故的危险因素。在有可能发生井喷的作业中,应防止因防喷器失效、抢喷工具配件不全等造成的井喷事故。防爆与防喷是相互联系的,由于井喷等原因而形成易燃易爆气体,应采取相应防爆措施,杜绝着火、爆炸等恶性事故的发生。

由此可见,危险因素和安全隐患存在于井下作业的各项施工中,只有认清各项作业中的危险因素和安全隐患,采取检查、预防等措施,才能最大限度地降低事故率,搞好安全生产。

第二节　井下作业 HSE 风险控制

一、作业现场 HSE 风险控制

(1)工作人员进入施工现场要严格遵守现场管理制度,服从指挥,不准跨骑油管及管线;饮酒者、不按标准戴安全帽和穿戴劳保用品者,严禁进入施工现场;井口现场要采用环保型防渗膜(图5-3),防止污染环境。

(2)高处作业必须系安全带;拆接电、移动电器必须切断电源,戴绝缘手套,有专人监护;更换钳牙、检修液压钳必须切断动力源。

(3)司钻操作前应检查刹车部位、井架提升系统、绷绳地锚,并对防碰天车进行一次设置;不准抓扶光杆,起下光杆应将光杆上附件移到下部。

(4)起吊物体时严禁在吊物下站人,专人指挥,严格执行"十不吊";提下电缆管柱、排放电缆不准站在电缆支架的前面;指挥车辆时不准在车辆的正前、正后方指挥。

图 5-3　现场采用环保型防渗膜

(5)严禁将火种带入施工现场,严禁吸烟;动火要有动火作业票,防护用品穿戴齐全,同时必须有动火单位专人监控;按标准安装防喷器,放喷用钢质硬管线连接,停工要关闭油套管阀门。

(6)机动设备的转动部件,在运转中严禁擦洗或拆卸;观察仪表、排液出口、开关阀门应在一侧。

(7)班房内不准放易燃、易爆物品;不准在作业施工现场进行交叉作业;含硫化氢气体井施工要穿戴安全防护用品,定期进行监测;酸化时应备有清水或小苏打水。

(8)正翻驴头时严格执行操作规程,触摸抽油机前必须做一次是否带电确认,上抽油机前对梯子的牢固情况做一次确认,不准用手盘皮带。

(9)调整井架要有防护措施,禁止同时松开两道绷绳;通井机上下拖车平板必须选派有资质的人员进行操作,并挂有警示牌(图5-4)。上下拖车操作人员必须对拖车停放位置做一次确认,调整井架操作必须由专人指挥(图5-5)。

（10）每个班应检查一次漏电保护器试验按钮。

图 5-4　挂警示牌

图 5-5　调整井架时专人指挥

二、作业岗位 HSE 风险控制

（一）技术员岗

（1）严格按技术负责制要求做好井史井况调查分析；严格执行油田井控管理细则，认真进行技术交底和应急预案交底。

（2）按照 HSE 管理体系要求编写 HSE 作业指导书；按期对井控设施进行检测；每口井安装后应试压一次，试压合格后使用。

（3）使用新工艺、新技术前制定切实可行的操作规程，并负责培训；试油队化验室配置 8kg 灭火器不少于 2 个。

（4）开关阀门、观察仪表及出口应在上风口一侧；解卡时不应站在井架正前面及作业机与井架之间；洗、酸、压、冲等施工不准跨越、跨骑管线。

（二）场地岗

（1）下油管安装井口防护板；拉油管站在油管杆外侧；不准将油管捅在井口顶丝上。

（2）正反驴头抽油机底座 3m 内不准站人；观察出口不准正对出口。

（3）排放电缆，电缆支架前面不准站人；调整井架不应跨骑法兰螺钉，应站在两侧。

（三）井口岗

（1）检查保养油管吊卡月牙保险销，不合格应进行更换；检查保养吊环保险销，不合格应进行更换；检查保养天车、大钩防跳装置及止退销；吊卡选配与油管型号应匹配，且各种防止退销安全可靠，月牙及月牙座磨损不小于 2nm 时应更换新吊卡。

（2）用油管倒扣器倒扣时，保持安全站位，专人指挥；检查井架各部件，有弯曲、变形、开焊、井架基础不平应立即整改；手抓吊环离油管接箍平面高于 10cm；经常检查吊环，磨损超出

10mm立即报废更换;选用吊环销子型号应匹配,经常保养。

(3)油管有余扣时不准上提油管;油管杆吊卡打在油管杆上必须开口朝上;井口操作时保持安全站位,选择好逃生路线,逃生路线保持畅通;闻到异味应立即撤离至上风口安全地带,报有关部门进行检测确认。

(4)经常观察调整地锚、绷绳;检修、更换钳牙和液压钳应切断动力源;天车防碰装置设置有效、灵活好用。

(5)各种吊具应在校验期内使用,双翼阀门内侧打开,外侧阀门控制放喷;解卡时现场人员应撤到安全区域。

(四)资料岗

(1)地线埋地深度符合安全要求;电线绝缘良好,不落地、不搭铁,符合《作业现场标准化实施细则》要求;班房梯子扶手牢固可靠,符合《作业现场标准化实施细则》要求;各种用电设施接线、地线连接牢固,绝缘可靠,符合《作业现场标准化实施细则》要求。

(2)现场有泥水时,应铺设草袋及落实其他防滑措施;搬运井下工具应选择路线,搬运人员相互协调,配合默契;拖挂班房有专人指挥,指挥、司机、挂钩人员配合协调。

(3)严格按照设计施工取全取准各项资料、杜绝编造假资料;严格按照施工工序进行全面危害识别,杜绝一切盲目冒险作业。

(4)加强环保管理,控制污染源,做好清洁生产;及时录取班组演练资料;值班班房就位后要进行有无电确认。

(五)班长岗

(1)各刹车部位必须安全可靠,电瓶连接线紧固可靠,符合《作业现场标准化实施细则》要求;拉力表灵敏准确,在校验有效期内使用。

(2)滚筒各部位、刹车调整螺帽,符合《作业现场标准化实施细则》要求;大绳不能有断丝,大钩各部滑轮必须转动灵活、保养及时,天车各部滑轮必须转动灵活、保养及时,死绳头卡子匹配分布均匀、牢固可靠,活绳头卡子匹配牢固可靠,符合《作业现场标准化实施细则》要求。

(3)机车各部位维修过程中必须熄火;机车发动前按标准要求检查油水面;上下机车手抓牢扶手,防止滑倒摔倒及碰伤。

(4)施工前清理逃生路线的障碍物,做到路面平整、路线畅通;按要求设置并使用天车防碰装置;开好班前、班后安全会;组织好交接班和危害识别活动。

(六)司机岗

(1)发动机各部件无异常,符合安全使用要求;油水面符合安全使用要求;检查皮带疲劳有无断裂现象,及时更换不合格皮带。

(2)电瓶固定牢靠,电瓶液连接线符合安全使用要求;各部过滤网符合安全使用要求;风扇转动良好,严禁运转中擦洗调整检查。

(3)行走、左右转向灵活好用,符合安全操作使用要求;及时调整链轨松紧度;液压泵及管线连接做到不渗、不刺、不漏。

(4)机车行走路线应避开管线、电缆,并有专人指挥;阻火帽安装可靠有效;通井机上下平板车必须选派有资质的人员,上下平板车操作人员必须对平板车停放位置做一次确认,并有专人指挥。

三、作业途中 HSE 风险控制

(1)值班班车驾驶员持有相应车型的驾驶证,安全驾驶经历不少于5年,经二级单位交通管理人员审核合格,并进行专门的安全教育;严格遵守交通规则,不强超强会,路过特殊路段提前做好观察,确认安全后再通过;停车位置选择不影响交通、平整宽阔的地段,不准将班车停放在斜坡上。

(2)值班车内不准人货混装,乘车人保持良好的坐姿,不准在班车上戏闹,不准将身体的任何部位伸出车厢体和驾驶室,班车配置安全带时,乘车人必须按标准系好安全带,乘车人不准做影响司机精力的事情。

(3)上下车选择好地形,观察车辆周围有无来车,不准盲目跳下;上下班不准搭乘其他车辆,不准私车公用;不准使用摩托车作为上下班的交通工具。

四、搬迁作业 HSE 风险控制

(1)平板车驾驶员应具备五年或150000km以上的安全驾驶经历,并由三级单位指定符合以上标准的专职驾驶员担任;平板车停放地点必须地面平整、坚实,并刹好车;平板车爬梯完好,便于通井机上下;认真检查通井机刹车、转向等关键部位,各部件应灵活、有效。

(2)通井机上下平板车时,必须由作业队内持有厂内驾驶证等特殊工种操作证的专职人员操作,缓慢倒上正下,并有专人指挥,指挥人员不准站在平板上车;通井机在平板车上必须居中,履带前后打好掩木。

(3)运送过程中,通井机熄火挂倒挡,刹好车,关好门,驾驶室严禁坐人;按照《特种作业设备搬迁安全管理规定》中的有关条款严格控制平板车行驶速度,严禁超速行驶。

(4)通井机就位后,垫高20cm以上、平整,土台略宽于履带,前后长出30cm;履带清洁干净,松紧度合适;滚筒大绳排齐,游动滑车在最低位置时,滚筒留绳不少于半层;检查大绳,若大绳有断股或一个扭矩断12丝,应更换。

(5)井架就位按照有关井架立放标准实施;调绷绳,使天车、游动滑车、井口中心在一条垂直线上。

(6)值班房与工具车成一直线;值班房距井口不小于30m,工具台距井口不小于5m,周围无垃圾,值班房内保持清洁;值班房、工具车、作业设备、井下管柱及辅助设备摆放规格化,保持清洁、平整,以井架、井口、通井机为中轴线,成90°摆放。

(7)开工前现场必须建 40cm×20cm×30cm(底宽×顶宽×高)、占地面积不小于 10m×10m 的油管土围子和面积不小于 9m×3m 的抽油杆土围堰,避免油水外溢;必须按规定安装好驴头罩;井场必须有 2 个垃圾筒,生活垃圾与工业垃圾分类存放。

(8)清点送到现场的油管、抽油杆的数量及质量,确认达标情况并做好记录;检查井口、流程的配件(如阀门、螺钉等)是否完好、齐全,并做好记录。

五、小修作业 HSE 风险控制

小修作业(图 5-6)在井下作业中占有很大比例,因其作业面广、作业量大、作业人员多、作业设备多、社会影响大、存在的风险源多,故而进行风险控制相对较困难,所以更应该引起从业者高度重视。

图 5-6 小修作业现场图

(一)穿大绳操作

(1)穿大绳时,钢丝绳头与引绳连接要牢固,以防中途脱落伤人。
(2)用人力拉动引绳带动钢丝绳上升时,注意引绳不得与井架角铁摩擦,以免磨断。
(3)架上操作人员必须系好保险带,地面操作人员必须戴好安全帽。
(4)严禁从井架上往下扔工具或掉工具,使用的工具应拴牢、固定在天车台护圈上。
(5)操作时,要有专人指挥,井架上操作人员与地面操作人员要密切配合。
(6)钢丝绳与天车、游动滑轮车滑轮配合必须合适,按规定使用。
(7)排大绳时,司钻必须一档低速,缓慢地旋转滚筒,防止将滚筒前面的操作人员挤伤。
(8)固定大绳时,底角穿拉力计提环的钢丝绳死绳头之间必须加保险绳套,防止拉力计的提环拔不出来发生事故。

(二)通井

(1)通井规外径必须小于套管内径 6~8mm,防止中途遇卡。

(2)普通井通井规长度应为1.2m,特殊井的通井规长度应大于井下工具的最大直径管长度50~100mm,防止通井不彻底。

(3)水平井和斜井应采用橄榄状通井规,有效长度0.3~0.4mm,防止45°拐弯处遇阻。

(4)通井规下放速度应小于0.5m/s,防止顿钻、溜钻事故,造成人员设备损坏。

(5)水平井、大斜度水平井(井斜角不小于45°),通井规下至拐弯处,下放速度控制在0.3m/s,防止遇卡;通至预定深度,必须用低固相修井液替出井内液体,并彻底洗井,防止脏物沉积造成事故。

(6)老井通井前应探清砂面位置,通井中途暂停施工,无特殊情况通井规应提至射孔段顶界以上30m,并彻底反洗井后,方可坐井口暂停,防止卡钻事故。

(三)压井

(1)井下情况不明,管线被砂、蜡堵塞,可导致压井压力骤升,造成憋泵;管线严重刺漏,也易造成事故,应严密防止,及时消除事故隐患。

(2)高压油气井出口管线,错误采用软管胶管或使用硬管线但未固定,出口接90°弯头,都是造成事故的隐患,必须按规定使用硬管线,并接牢固定。

(3)压井时,井口四通顶丝未上,压力升高时,有可能将井内管柱顶出,造成事故。压井前应认真检查,拧紧各部位螺栓,消除一切隐患。

(4)压井施工后,起下管柱时,可能发生抽汲现象造成井喷。因而起下管柱作业时应及时向井筒内补充压井液,补充量为起出管柱体积的总和;在现场还要准备好防喷阀门及所用接头等,以备发生井喷时抢装井口。

(四)冲砂

(1)探砂面时负荷过大可导致砂堵管柱;冲砂时不了解井下情况,可导致水龙带憋裂或将倒齿头憋出。因此,探砂面时应严密注意观察指重表的指针变化;冲砂时应先用硬管线循环洗井,出口见水后再加深油管进行冲砂。

(2)高压自喷井冲砂时需要控制出口排量,保持进出口排量大致平衡,防止井喷。

(3)出口不能使用软管线,防止排量大时管线摆动甩头造成事故,出口应采用硬管线并装地锚固定。

(4)冲砂接单根时应快速准确,接单根前应充分循环,接单根后开泵循环正常后,方可下放。

(5)绞车、井口、泵车等操作人员紧密配合,防止各类事故的发生。

(五)检泵与起下作业

(1)翻转驴头操作时,抽油机刹车没有刹死,操作人员没有离开游梁就将刹车松开,以及上抽油机操作不带安全带等均能导致恶性事故发生。因此,翻转驴头时应注意,刹车必须有专人负责操作,拔出锁销后抽油机上的操作人员应立即下到地面,严禁操作者骑到驴头附近的游梁上,驴头复位时,驴头下方严禁站人。

(2)起下抽油杆时,由于检查不细,小钩保险舌失灵、抽油杆吊卡卡簧失灵,在起下时会造成吊卡脱钩,或抽油杆脱出吊卡等伤人事故。故在起下作业前应检查小钩各部件是否灵活完好,吊卡使用后要清洗并润滑保养,以备再用。

(3)起下油管操作时,由于操作不熟练会造成吊环摆动或单吊环挂提伤人事故。上卸油管操作时,背钳没打牢而滑脱;起下油管时上提下入过猛会造成顶天车、顿钻或封隔器中途座封等事故,均能造成严重人身伤害。所以在起下油管时,应严格按规程操作施工,防止各类事故的发生。

(4)在摘悬绳器时,首先把抽油机打到下死点以上10cm处,刹住车,用方卡子卡住光杆,坐在防喷盒上或把卡瓦片直接插入防喷盒砸紧后,继续把抽油机打到下死点,刹紧车,松开悬绳器和方卡子,摘下悬绳器锁片,摘下悬绳器。在挂悬绳器时,先根据抽油杆下入深度上提光杆,调好防冲距(每100m抽油杆上提10cm为宜),调好后用通井机试抽,以上不挂下不碰为准;在调好防冲距的位置打上卡瓦片,将驴头打至下死点,刹紧车,再挂上悬绳器,松开刹车,打上方卡子,便可开机试抽。摘挂悬绳器时应注意,不能用手摸光杆,不能将手放在防喷盒上平面上,防止方卡子落下砸手;用抽油机试抽时,要有专人观察,防止上挂拉翻抽油机,造成恶性事故。

(5)检泵过程中,注意防止由于电力系统的原因造成人员触电。

视频5-1对检泵与起下作业的HSE风险识别与控制进行了演示。

视频5-1 检泵和起下作业的HSE风险识别与控制

(六)射孔作业

(1)对普通射孔井,应在井内压力平衡的条件下进行施工。一般采用正压井射孔。在射孔枪到达预定位置时,应再次检查各种设备、仪表是否正常,井口及压井的工作是否准备就绪,确认无误后方可引爆射孔。射孔完毕,待射孔枪身与下井仪器提出井口后,观察有无井喷显示,若无井喷显示,及时下油管。

(2)对过油管负压射孔井,应利用地面压井设备控制井下压力进行射孔施工。当射孔枪身与下井仪器起出井口进入防喷管内时要关闭采油树阀门,打开放空管线阀门,把防喷管内的压力泄掉后方可卸开防喷管提出枪身。在连接射孔枪时,将射孔枪与下井仪器放入防喷管后,在与采油树连接前,井口闸门不得打开,待将防喷管连接好后,缓慢地打开阀门,防止猛开阀门造成防喷管受高压冲击发生意外。

(3)对油管输送负压射孔井,要求射孔枪与油管的每个连接部位都密封不漏。下井速度要平稳、均匀,不能过快,以防发生撞击、溜钻、顿钻事故。在射孔枪引爆后,要及时关闭井口并注意观察井口油管和套管压力表的显示数字。

(4)若井口出现外溢,说明射孔后地层压力大于井筒液柱产生的压力,应停止射孔作业,快速提出射孔枪身及电缆,并抢下油管和用高密度压井液压井。对出现间歇喷溢的井也应停止射孔施工。

(5)一旦发生井喷,就应停止射孔施工。此时,首要的任务是控制井喷,确保人员安全撤离现场。

关井措施:当井喷发生后,射孔队应立即起出井内电缆与射孔枪。如果在抢起过程中,井喷将电缆喷出井口,为及时抢关井口,要立即剁断电缆,让作业人员抢关井口闸门。射孔人员迅速将设备、射孔器材撤离现场,以便让作业人员及时处理。

井场设备控制:出现井喷后,井场动用的设备较多,为使井控工作正常进行,一切与井控无关的车辆要迅速撤离现场。射孔车辆要做好收尾工作再撤离现场,保证车辆设备不受损害。

井场消防:在发生井喷后,要做好消防工作。射孔队要迅速切断所有电源,做好安全撤离工作。严禁井场附近动用明火,以免引起火灾,使压井工作无法进行。

(七)替喷作业

(1)若进口管线试压值达到工作压力的1.2~1.5倍,必须采用硬管线,并且固定牢固,防止刺漏。

(2)严禁把水龙带、胶管当作出口管线使用,防止压力过高,摆动伤人。

(3)下封隔器的井,替喷必须控制排量,防止将钻井液挤入油层。

(4)替喷施工必须连续进行,中途不可停泵;若循环不通,严禁硬憋,应采取适当的措施。

(5)清水替喷完毕,井口无喷势后,才可坐封封隔器,防止井喷事故发生。

(6)对于自喷能力强的高压井和自喷井,必须采用二次替喷施工,防止井喷事故发生。

(八)诱喷作业

1. 抽汲诱喷

(1)滚筒上的钢丝绳必须缠紧排齐;抽汲最深处时,滚筒上剩余的钢丝绳不少于25圈。停抽时,抽子应起入防喷管内,以防掉抽子。抽子未起入防喷管内时,不允许关总阀门或清蜡阀门。卸防喷管时要先放空。向井内下放钢丝绳时,井口处不要站人。抽汲时,钢丝绳附近不要站人或跨越钢丝绳穿行。

(2)抽汲中途顶抽子时,应继续上起,不要停止抽汲,同时关小出油阀门。抽汲时钢丝绳不得磨井口。

(3)钢丝绳跳槽或打扭时,必须先在防喷盒上用绳卡卡住,放松钢丝绳后不再下滑时,方可用撬杠或其他工具解除,严禁用手直接处理,以防人身事故的发生。钢丝绳若有死弯或断股断丝(在一个扭矩内超过规定的丝数),必须更换,否则不许下井。抽汲时,井口要有防喷装置。钢丝绳必须及时检查和保养。夜间抽汲时要有足够的照明,保证视线清楚。

(4)灌绳帽时应注意选好绳头(无接头、无断股)。绳穿入绳帽后,将绳头根用细铁丝扎紧,再将绳头倒开,用汽油或清洗剂清洗干净后,将每丝弯钩拉入绳帽,再用火烧,注意避免烧坏绳芯(锌或铅液化到能引燃火柴为宜)。灌铅或锌时要用榔头轻敲绳帽,使锌液或铅液受震动均匀流入绳帽,直至下端见锌或铅为止。操作人员灌绳帽时务必戴好手套和眼镜,以防烧伤。

2. 气举诱喷

(1)气举管线不能接活动弯头和90°死弯头,出口管线应用地锚牢靠固定。

(2)改管线时应先停车,关井,慢慢放空,再整改。

(3)一旦气举举通,应关车停举。

(4)套管放空时应严格控制,缓慢放压,严防地层激动出砂。

(5)井内有天然气时,为防止爆炸,一般不宜采用气举法诱喷。

3. 混气水排液

(1)出口管线应用地锚固定,出口流量应加以控制。

(2)注入水要保持清洁,防止油层污染。

(3)保证下井管柱无漏失,油套管要保持畅通。

(4)排液过程保持压风机风量不变,水量逐渐减少。

(5)严格控制混排深度,不得超过套管允许的最大掏空深度;按进出口液量,随时计算液面的深度。

(九)测压作业

(1)根据所测压力大小,选择适当量程的压力表,使所测压力在其量程的2/3范围内,防止损坏压力表或测量不精确。

(2)压力表应用250mm×30mm活动扳手上紧,并使表盘朝着便于观察压力的方向;禁止用手握压力表头上扣,防止损坏压力表。

(3)将压力表保护头上的放压顶丝上紧,人站在与压力表相反的方向,慢开生产阀门或套管阀门,防止刺漏伤人。

(4)测压完毕,先关生产阀门或套管阀门,再关压力表接头阀门,人站在与压力表保护头阀门放压孔相反方向,用250mm×30mm活动扳手拧松放压顶丝放压,防止余压伤人。然后一只手握压力表,另一只卸压力表,防止摔坏压力表。

(十)地层测试

(1)测试井眼必须畅通无阻,不得有落物;裸眼井不得有弯曲井段,套管井不得有套管变形、破裂及串槽等问题。

（2）采用优质修井液确保裸眼井段无坍塌、缩径等现象，井底无沉砂。

（3）必须保护测试井段，测试时可加液垫或气垫，控制生产压差。

（4）所有测试工具及管柱的螺纹均应完好；管柱每下入300m左右应在井口检查是否有明显渗漏，一旦发现渗漏，必须及时处理。

（5）下测试管柱要平稳操作，不得猛刹猛放；严防落物入井；发现遇阻应立即上提管柱，再慢慢下放，防止测试阀打开；若经多次上提下放仍然下不去，则应起钻查明原因并排除，严禁就地坐封封隔器进行测试。

（6）坐封封隔器，打开测试阀时，必须严密注视环空液面变化情况，发现液面下降表明封隔器坐封不严，必须立即上提管柱重新坐封；若几次坐封均失败，应立即起钻查明原因，排除故障后再下测试管柱重新测试。

（7）地面流动控制装置、计量装置及放喷管线必须牢固；测试阀一经打开，必须立即计量，若有天然气应点火烧掉，有油应放入计量容器内，不得污染环境；流动测试最好安排在白天进行。

（8）若遇高温、高压、高产井或其他特殊井又难以控制时，必须立即关井，再次检查各种地面装置，并采取有效措施控制压力和产量，无任何危险时再开井测试。

（9）解封封隔器时若遇到井喷，必须立即关闭防喷器组，充分反循环压井，无井喷预兆时再起钻。

（10）起测试管柱时应边起钻边灌压井液，防止井喷或井壁坍塌。

（11）现场取样时，放样口严禁对着人，防止伤人。

（12）除测试操作人员和与测试有关人员外，其他人员一律不得在井场滞留；测试时，井场50m以内严禁任何火种。

（13）准备规定数量的防火防毒用具；预计有高压油气流或硫化氢含量高时，应备消防车、救护车值班并有抢险后备队。

（十一）气井作业

气井具有井口压力高、流动速度快、天然气易着火、与适量空气混合后会引起爆炸等特点，所以，气井施工必须有相应的防喷、防火等安全措施，防止发生事故。

（1）尽可能采用过油管弹射孔或油管输送射孔；若采用压井射孔，压井液必须达到设计要求，并且必须充分循环达到进出口性能一致。

（2）射孔前做好防喷准备，井口装好防喷器，地面连好带高压控制阀门的油管和悬挂器。

（3）采用压井射孔时，井筒随时灌满压井液，注意观察井口有无外溢，发现井喷显示，立即起出枪身，关闭防喷器。

（4）压井射孔后必须采用二次替喷法，严禁在装好井口之前，一次将压井液替出。

（5）抽汲诱喷一定要逐步加深，缓慢诱喷，同时认真观察喷势；一旦有井喷显示，立即起出抽子，关闭井口闸门。

(6)严禁采用气举诱喷,防止突然井喷或引起爆炸,或引起地层坍塌。

(7)井口必须采用双翼双阀门采气树。

(8)放喷管线必须用硬管线并且固定牢固,不得安装弯头或将管线拐直角;放喷时严禁用井口闸门控制,必须安装针形阀进行控制,防止刺坏阀门或地层激动出砂。

(9)做好 H_2S 的风险控制。

H_2S 作为石油的伴生气体,它有剧毒、无色,低浓度时($0.195 \sim 6.9 mg/m^3$)有臭鸡蛋气味,当浓度升高至 $6.9 \sim 15 mg/m^3$ 时,刚接触有刺热感,但会很快消失;燃点为250℃,易溶于水和油;对金属有腐蚀作用,燃烧时呈蓝色火焰。当其浓度超过 $150 mg/m^3$ 时,咽喉会受到刺激,$3 \sim 10 min$ 会损伤嗅觉和眼睛,接触4h会导致死亡。H_2S 的相对密度为1.189,比空气重,在现场会随着风向发生飘移扩散,风越大,扩散速度越快,扩散距离越远;雨雾天气、无风状态下基本不扩散,会弥漫在整个作业场所,尤其低洼处。H_2S 通过呼吸道、皮肤、消化道等途径进入人体,伤害人体,使人感到视线模糊,有光圈感;眼睛灼痛,流眼泪,眼睛肿胀;中毒严重者,小便呈淡绿色,有呼吸困难、咳嗽、胸痛等症状。

作为井下作业工,除了按照要求佩戴防毒器材外,还要做好 H_2S 中毒的现场救护工作。将中毒者立即向上风方向转移至空气新鲜处,触摸颈动脉,确认中毒者有无呼吸或心跳,对呼吸困难者先进行人工呼吸或者输氧,同时向队部汇报,请求增援;对黏膜损伤者及时用生理盐水冲洗患处并涂上眼膏;对中毒严重者,现场不间断使用心肺复苏法进行抢护,直到队部人员赶到现场,将中毒严重者立即送医院治疗。

心肺复苏是对 H_2S 中毒者、呼吸心跳骤然停止的病人给以呼吸和循环支持,使整个机体生命活动及功能得以恢复。心肺复苏操作如图5-7所示,多采用胸外心脏按压方法,首先胸前捶击,目击下发生的心脏停搏,在1min以内进行,可使心跳恢复(注意:要以中等强度给患者胸骨中部快速捶击 $1 \sim 2$ 次,如无立即反应,立即进行胸外心脏按压);再进行胸外心脏按压,使患者平仰卧在硬板床上或平地上,头部落地、足部垫高,操作者将左手掌置于患者胸部下1/2处,按压速度为 $80 \sim 100$ 次/min,如此反复进行(注意:按压部位和动作要准确,以免影响效果)。

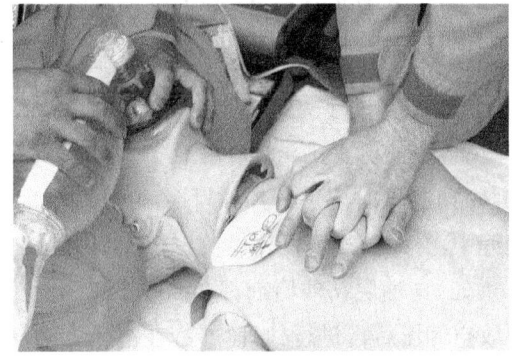

图5-7 心肺复苏操作

(十二)防砂作业

1. 绕丝管砾石充填防砂

(1)压井液、洗井液、携砂液等要求清洁无固相、对地层无伤害。

(2)筛管、充填工具保持清洁,不得碰撞,在下井前方可拆包。

(3)下防砂管柱操作要平稳,不得发生溜钻、顿钻现象;下丁形充填工具(正转倒扣丢手)时要打好背钳,防止工具落井;填砂时最高压力不得超过地层破裂压力。

2. 滤砂管防砂

(1)滤砂管要保持清洁,不得碰撞;滤砂管每组下入长度,不宜过长,防止造成损坏。

(2)管柱各连接螺纹上足上紧,下钻过程要操作平稳。

(3)下生产管柱座悬挂器后,不要使丢手以上管柱呈弯曲状,以防抽油杆和油管摩擦受到损坏。

(4)黏土含量高的油层,防砂前应使用黏土稳定剂处理,防止水敏伤害。

3. 酚醛树脂溶液防砂

(1)施工时,树脂与盐酸不能同用一部水泥车,应分别使用。

(2)清洗柴油与增孔柴油,要加热至50℃以上。

(3)树脂黏度应为 $300 \sim 500 Pa \cdot s$,高于 $500 Pa \cdot s$ 可适量加入酒精稀释。

4. 干灰砂防砂

(1)施工所用水泥事先应在室内进行初凝及强度测定,检验性能。

(2)施工前应接好反洗井管线,加砂过程中如出现砂堵,泵压急剧上升,要立即停泵反洗井。

(3)要保证灰砂比例,并搅拌均匀;加砂过程中,加入的灰砂量要均匀,不可忽多忽少。

(4)施工过程要连续,施工车辆中途不得无故停泵。

(5)出砂量大的地层,应填部分石英砂后再挤灰砂。

(6)水泥作业时,如封串、堵水等施工中,要注意水泥粉尘对人员的伤害。

(十三)封堵作业

(1)封堵时要进行各种封堵剂的配制;由于某些化学药剂对人体有害,故在配制各种堵剂过程中,必须按规程操作,穿戴好劳保用品,制订应急措施。

(2)向油层挤注堵剂都在高压下施工,必须有专人指挥,严格按规程操作;出现故障时,必须放空卸压后再进行处理,严禁在高压下砸高压管线等设施。

(3)施工时,高压设备和管线缺乏安全防护设施,可能在作业施工中引发事故,对所有高压部件、设备,必须在施工前进行加固和安全检查;对承压设施要定期进行试压检查,合格才能使用;高压管线在施工现场不得悬空安放,控制阀门要开到最大位置。

(4)在特殊或大型施工现场,安全部门应派人到现场监督工作,发现隐患及时处理,保护人身安全和保证施工顺利进行。

(5)井口及地面管线试压值为预计压力的 $1.2 \sim 1.5$ 倍。

(6)高压施工中,非工作人员不得在距井口及高压区 $20m$ 范围内停留。

小修作业 HSE 风险识别与控制汇总见表 5-1。

表 5-1 小修作业 HSE 风险识别与控制

序号	主要工序步骤	风险识别	控制措施
1	施工前期准备工作	邻井资料不详或无邻井资料	查阅相关资料,尽可能提供详细资料,组织专家论证设计方案,制定相应措施
		邻井存在高压油、气、水层或 H_2S 等有毒有害气体	(1)设计时进行提示,并提出预防措施; (2)有 H_2S 的井要配备正压式空气呼吸器和检测仪; (3)配备液气分离器(防硫)和点火装置
		老井施工资料不详	查阅相关资料,尽可能提供详细资料,组织专家论证设计方案,制定相应措施
		接井前井口设施、井场、电源、道路问题	检查套管螺纹是否完好、内护丝是否已安装,顶盲板是否加焊井号,技术套管阀门是否齐全,周围是否有压力异常、套漏、地表冒油气水,周边是否有危险电源,存在污染物,是否存在影响安全施工的永久性建筑和地下电缆、管网,道路是否满足各型车辆通行,是否有抢险车辆通行道路等
		配套设备设施不能满足施工要求	按照工艺要求配套相应的设备设施,并确保其完整性
		井口周围有障碍物或住宅	在设计中描述井场周边环境,提示施工单位根据现场条件进行风险识别并制定消减措施和应急预案;放喷点火时考虑周边环境安全
		设计人员不具备资质或设计内容存在较大失误	严格按规范编制设计,严格按程序认真进行审核、审批
2	开工准备	裸眼完井的新井井筒内可能带压	安装压力表监测井内是否有压力,若有压力,试释放井内压力或组织压井
		新井套管头损坏	严格落实接井制度,认真检查井口部件并填写接井书,发现损坏及时通知甲方更换
		老井井口用丝堵或盲板等封闭	采用带压打孔技术进行控制放压,确认井筒内无压力后,方可进行后续施工
		老井井口或浅层有水泥塞,钻开后压力突然释放,造成管柱上窜	井控装置安装齐全,安装防上窜装置,防止钻穿水泥塞后管柱上窜
		老井井口为环形钢板固定或油套环空固有水泥且地层下陷,致使套管受力弯曲,割开环型钢板或套铣开油套环空后,套管释放压力上窜	做好安全防护措施,谨慎使用气割切割环型钢板,使用水力喷砂缓慢切割环型钢板或套铣水泥环时缓慢加压,释放扭矩

续表

序号	主要工序步骤	风险识别	控制措施
2	开工准备	井场设备、设施与宿舍安全距离达不到要求，造成火灾、爆炸	进行相应的风险评估，加强有毒有害气体和可燃气体的监测，采取安全有效的方式点火燃烧或驱散气体的措施
		井场大门或宿舍处于井场的下风方向	增加放喷管线距井口和宿舍区的有效距离，选择相对安全的放喷管线进行放喷
		换装井口作业，井口无法控制发生井喷	(1) 正确选择压井液循环洗压井； (2) 开井观察(时间大于换井口时间的1倍以上)，观察无溢流显示后，再次用同样密度的压井液循环洗压井1周以上； (3) 更换井口全过程要连续向井内灌压井液，保持液面在井口
		只有一条应急逃生通道	根据现场实际情况，增设一条应急逃生通道，设立两个应急集合点
3	通井	通井遇阻	通井时应控制下放速度，匀速下探；若中途遇阻加压不大于20kN，认真分析原因，谨慎活动管柱，若需冲洗应待污物返出(反冲洗)，在遇阻点附近上下活动畅通无阻后继续下探，不可冒进，防止遇卡；过拐点前或进入裸眼后更应缓慢下探，直至人工井底，探井底加压不大于30kN，连探三次深度不变为合格
4	下油管	起下泵杆作业油管内发生溢流	抢装悬挂器或将泵杆丢入井内，然后关闭采油树总阀门，通知甲方有关部门决定下步投产等措施
		起下管柱发生溢流，未及时发现，造成井喷	严格执行坐岗制度，认真坐岗，发现溢流立即关井
		起大直径工具，胶皮不收缩，发生拔活塞现象	(1) 在油套管与储层连通的情况下，用压井液循环1周以上或挤压井，并开井观察30min以上无异常，试起油管；如仍出现溢流现象，则停止起管柱作业，关井后采取其他有效措施方可继续施工； (2) 在油套管与油(气)层均不连通的情况下，观察30min井口无异常，慢起快放管柱把胶皮磨烂，创造出套管与油层的通道，用压井液挤压井后，试起油管；如仍出现溢流现象，则停止起管柱作业，关井后采取其他有效措施方可继续施工
		起下管柱过程中悬重减少或发生上顶现象	停止起下作业，按关井程序关井并采取防顶措施，汇报后按规定进行压井

续表

序号	主要工序步骤	风险识别	控制措施
5	洗井	洗压井不彻底,脱气不干净,发生溢流	立即关井,根据油压、套压确定压井液密度,重新进行压井,建立井筒压力平衡
		洗压井后观察时间不够,发生溢流	(1)设计明确洗压井后观察时间; (2)观察时间满足下步安全施工需要; (3)发现溢流立即关井,组织压井
		洗压井过程中严重漏失	准确计量漏失量,采取工艺堵漏或降低压井液密度等措施,重新建立井筒压力平衡后,方可进行下步施工
		由于泵压过高造成套管破裂、采油树刺漏	控制泵压不大于采油树工作压力的70%、套管抗内压强度的80%
		洗压井过程中井内出砂对井控装备造成损坏	控制出口排量及回压,放喷管线平直引出,或使用除砂装置进行除砂
		洗井过程中,钻井泵憋泵及高压伤人	施工前管线试压,开泵循环前有专人检查管汇阀门组开关情况,人员远离高压施工区
		洗压井过程中井内产气量突然增加损坏井控装备或伤人	控制出口排量及回压,放喷管线平直引出并按标准固定,出口不使用弯头,井控装置压力等级满足施工要求
		高压水龙带刺漏、摆动、甩落伤人,管柱内通道失控造成井控安全事故	每班进行班前巡回检查,水龙带缠保险绳并定期检测,下放时施工人员用牵引绳固定,安装方钻杆上下旋塞
6	冲砂	冲砂、钻塞打开油气层后,地层压力突然释放,发生溢流、井喷	(1)施工前选择能平衡地层压力的压井液进行压井; (2)冲砂、钻塞单根安装旋塞阀; (3)坐岗人员坐岗观察,发生溢流,立即关井; (4)打开油气层后,循环洗压井观察无溢流方可继续施工
		打捞丢手放层时,解封后,井内压力瞬间释放,造成管柱上窜或发生井喷	(1)打捞浅层丢手要安装防顶装置; (2)打捞丢手前使用封层前的压井液进行洗压井,解封后进行洗压井作业,观察井口无异常方可进行下步作业; (3)不允许在浅层下丢手封层
		与地层连通发生溢流或井喷	(1)施工前进行风险控制措施交底; (2)按设计配压井液压井; (3)施工过程中坚持坐岗及时发现溢流; (4)坚持防喷演习,做到及时关井
		井口或放喷管线出口返易燃、易爆、有毒有害气体	(1)施工前进行风险控制措施交底; (2)对地层进行打水泥塞或桥塞封堵,并试压合格; (3)按照要求对井口及井控装备现场试压并合格,现场确保有专业服务人员; (4)有专人坐岗观察,使用检测仪监测出口,对有毒有害气体进行持续监测,及时点火; (5)按设计要求现场备有正压式呼吸器及H_2S、有毒有害气体检测仪,制定应急处置预案,作业前进行应急演练

续表

序号	主要工序步骤	风险识别	控制措施
7	试压	井控装备现场试压,高压伤人	(1)按设计要求进行试压; (2)执行操作规程,做好人身防护并远离高压区; (3)操作人员开关阀门前首要检查阀门各部件是否有松动; (4)开关阀门时操作人员身体不能正对丝杠及手轮; (5)在验收新产品过程中,检验单位要严格验收,并认真检验
8	射孔	测井解释误差,将气层误解释为油、水层	(1)加强坐岗观察和气体监测; (2)要有液气分离器和点火手段; (3)提高操作技能,确保正确关井
		电缆射孔时发生溢流,造成井喷	(1)射孔前井口应安装剪切电缆防喷器或增装电缆防喷器、高压防喷管、防喷盒; (2)接好放喷管线及压井管线,且按设计试压合格; (3)射孔队要准备好电缆断丝钳,必要时剪断电缆,关井
		油管输送射孔时误射发生溢流、井喷	(1)射孔前应办理打开油气层审批手续; (2)下射孔枪之前井口必须安装防喷器,并试压验证合格; (3)下枪操作中应保持平稳,防止中途引爆射孔枪
		射孔枪未响起出井口,引起人身伤害	(1)射孔枪未响时,必须由射孔服务人员进行捞棒处理后再进行起枪作业; (2)当射孔枪起至井口后,除修井机操作手外其余人员远离井口,由射孔服务人员进行井口操作
		试井作业井口防喷装置刺漏发生溢流	(1)作业时,必须安装采油树、防喷管、防喷盒,并试压合格; (2)当发现防喷装置刺漏,立即强行将试井工具起至放喷管内,关闭清蜡阀门; (3)若防喷装置刺漏严重,无法上提钢丝或电缆,则迅速剪断钢丝或电缆,关闭采油树清蜡阀门,关井
9	水力泵(射流泵)排液	管线或井口发生刺漏	开泵排前对进出口管线及采油树进行试压
		有毒有害气体泄漏导致人员窒息、中毒	(1)在计量罐上观察出液情况以及计量时,应站在上风头; (2)在含 H_2S 井操作时,应携带 H_2S 检测仪; (3)清罐及有限空间作业现场应配备气体检测仪
		液气分离器处理量小,不能满足施工要求	立即关井,更换处理量大的分离器或分离前用油嘴控制流量进行分离
		有毒有害及可燃气体溢出	施工人员佩戴正压式空气呼吸器,立即关井,并进行地面监测

续表

序号	主要工序步骤	风险识别	控制措施
9	水力泵（射流泵）排液	含H_2S等有毒有害气体没有及时点燃，造成人员中毒	(1)含H_2S井放喷点火管线要按照两个不同方向进行铺设； (2)测试放喷点火时，根据风向选择下风管线点火； (3)安装自动点火装置进行点火，如果没有安装，则点火人员要佩戴正压式空气呼吸器，在上风口点火； (4)分离出来的液体要经过碱液中和； (5)通知所有人员到应急集合点集合或疏散
		产出流体气液比较小，无法分离或分离后气体不能连续点燃，放喷出口的气体会慢慢聚集、蔓延，造成火灾、爆炸	(1)加强井场及生活区的可燃气体监测； (2)用大功率防爆轴流风机对井口、出口罐及宿舍区中可能存在的气体进行吹扫、稀释
		诱喷过程中，排液出口有溶解气或伴生气聚集，造成火灾、爆炸、中毒	(1)具备条件的要点火燃烧，不具备燃烧条件的要加强监测，重点是井口、计量罐、储液罐及生活区的监测； (2)用大功率防爆轴流风机对井口、出口罐及宿舍区中可能存在的气体进行吹扫、稀释
		与配合施工的单位交接不清	根据不同施工工况，有专人与建设方进行沟通对施工井进行风险评估，认真填写交接单，签订相关方告知书

六、大修作业 HSE 风险控制

大修作业（图 5-8）因其危险性大、设备价值高而著称，尽管大修作业的工作量在井下作业中的比例不如小修作业，但是它的危害不容小觑。在打捞、事故处理、套管整形作业时，存在使用爆炸物不当，造成人员伤亡、设备损坏的事故。

图 5-8 大修作业现场

（一）打捞作业

(1)全面检查游动系统、加固井架绷绳，检查指重表是否灵敏。

(2)采用最佳钻具组合,做到能捞、能退、能冲洗,防止再度发生事故。

(3)打捞施工平稳,除必要操作人员,其他任何人不可站在钻台周围,防止不必要的伤害。

(4)打捞成功后,应试提,不可超负荷硬拔,造成套管损坏、环境污染。

(二)解卡作业

(1)当大力上提解卡时,应先详细检查设备离合器、刹车、井架、天车、游动滑车、钢丝绳等,确保绷绳加固、指重表灵敏、各点有专人观察,防止发生重大事故。

(2)千斤顶解卡时,一定要垫好方木并加固牢靠,防止千斤顶滑出伤人。

(3)处理落物卡钻时,切忌大力上提,防止卡死造成事故复杂化;可轻提慢转,使井下管柱解卡;若无效,必须用壁钩扶正鱼顶,再打捞。

(三)磨铣作业

(1)磨铣过程产生跳钻时,必须把转速降至50r/min左右,钻压降到大约10kN以下;磨铣平稳后再逐渐加压、加速。

(2)当钻具被憋卡,产生周期性突变时,应上提钻具,排除磨鞋周边的卡阻物或改变磨铣工具与落鱼的相对位置,并加大排量洗井;若上提遇卡可边转边提解卡。

(3)洗井液上返排量不得低于36m^3/h,达不到时应采用沉砂管或捞砂筒等辅助措施,防止磨屑卡钻。

(4)用钻井液等磨铣时,洗井液黏度不得低于25Pa·s;如用清水、盐水磨铣时,应用双泵工作。

(5)磨铣钻柱应在磨鞋上接一定长度的钻铤或在钻杆之上加扶正器,保证磨鞋平稳磨铣,防止偏磨造成事故。

(四)套修作业

(1)使用涨管器整形时,其尺寸选择应由小到大;操作时不能盲目用力猛顿;每顿击数次后,应紧钻具,防止卡钻、断脱事故。

(2)使用偏心辊子整形器整形时,地面检查各辊子转动是否灵活,锥辊螺钉是否上紧上足,并在辊子间隙处注入机油润滑。

(五)侧钻作业

(1)侧钻过程中,防止方补心飞出等造成人员伤亡。

(2)注意危险化学品在运输、储存、作业中对人员的伤害及化学品泄漏失控。

(3)侧钻等作业中,由于施工压力超过水龙带、高压管线、井口的压力等级等原因,有可能引起管线破裂,造成人员伤亡、设备破坏,因此要格外注意控制施工压力。

(4)从井内排出的作业废水及落地原油等,会造成对土地、农田、水体等的污染;水泥作业,如封串、堵水等施工中,水泥粉尘对人员也有伤害,要注意防护。

大修作业 HSE 风险识别与控制汇总见表 5-2。

表 5-2 大修作业 HSE 风险识别与控制

序号	风险因素	存在危害	控制措施
1	领导井控意识不强	思想麻痹,违章指挥,延误防喷时机,导致井喷	加强学习,增强意识
2	岗位井控意识不强		
3	领导井控知识(工艺和设备)不强		
4	岗位井控知识(工艺和设备)不强		
5	岗位技能不高		
6	岗位配合不默契	延误防喷时机,导致井喷	加强演练,提升演练质量
7	防喷器保管、保养不利	磕坏,开启不灵活,防喷失效	加强保管和保养
8	油管挂保管、检查不到位	磕坏密封圈,延误防喷时机或防喷失效	
9	防喷器与井口连接不严	防喷时产生刺漏,防喷不利	紧固达到密封,坐严坐实
10	游动系统、防喷器、井口三者不同心	碰坏防喷器,防喷不利,制喷失效	安装达标,勤检查,保同心
11	防喷通道堵塞	防(制)喷不便容易延误,易伤人	保持通道畅通
12	内控阀保管检查不到	损伤螺纹,连接不上,进杂物,内控阀失灵	勤检查,注意保管
13	放喷压井阀门开关不灵活	延误防(制)喷时间	勤检查,注意保管
14	放喷阀门距井口不足 3m	憋高压易伤人	接出 3m 以外
15	手动防喷器无加长操纵杆	高压内操作易伤人	使用加长操纵杆
16	手动防喷器操纵杆无固定支架	操纵不稳,防(制)喷速度慢	安装固定操纵杆支架
17	压力表等级不够或灵敏度不高	损坏压力表,压力掌握不准,影响制喷措施	安装符合等级要求的耐震压力表
18	地层压力不准	影响制喷措施的制定	掌握准确的地层压力
19	不及时补灌压井液	易发生井喷(地层压力大于井底井力)	及时灌压井液
20	压井液配备密度低	易发生井涌(井喷)	加大压井液密度
21	钢制弯头不合格(小于120°),没有固定装置	产生高压,易憋坏弯头	标准钢制弯头(大于120°)
22	放喷管线没有固定或固定不牢,没有缓冲装置	放喷管线要龙或震动产生火花,引发着火	用钎子固定,加装缓冲装置
23	地层漏失严重	诱发井下井喷	挤入堵漏剂
24	液压防喷装置施工前没有试压	装置失灵发生井喷	施工前试压达标
25	放喷压井管线额定压力与防喷器不匹配	易发生管线崩开爆裂现象	用前试压达到压力匹配

续表

序号	风险因素	存在危害	控制措施
26	阀门法兰和配件额定压力与防喷器不匹配	易发生管线崩开爆裂现象	用前试压达到压力匹配
27	防喷器放空前后没有开关至少一次	内存杂物,防喷操作中密封不严	清除杂物堆积
28	防喷器长时间没有运动闸板	内存泥沙堆积,使用闸板前密封不能完全合拢	运动闸板清除堆积物
29	井控各部门配合协调不到位	延误制喷时间引发井喷扩大	加强合作,密切配合,发挥整体作用
30	井控设计编制不科学,没有实用性	防喷措施不利,针对性不强,延误制喷时间	考虑全面,科学合理,防范措施要具体
31	压井方式不当	压井不成功	针对地层回压、污染物产量、含气量而定
32	压井施工因素考虑不全	压井失败	掌握井况,施工准备充分,技术措施得当
33	压井液选择不当	改变压井液性能,影响压液的成功率	根据井内及地层内各种条件选择合适压井液
34	压井液量不足	延误压井成功时间	根据有无漏失层,配制足量压井液
35	泵注设备性能不好	造成压井失败	压井前认真检查施工所需设备
36	没有安装方钻杆上旋塞	下旋塞不利于制喷	配备安装上旋塞
37	磨、铣、扫时没有安装旁通阀	一旦工具水眼堵死,无法建立循环,不能制喷	安装旁通阀
38	起下(带有大直径工具或落物)猛提猛放	产生抽吸诱发井喷	控制起钻速度
39	油管挂防喷串没有连接	延误制喷时间,扩大井喷态势	提前连接准备好
40	油气井地质参数不全	井控设计编制不全面,制喷措施不当	提供详细地质参数
41	油气井井口强度低	高压产生井口刺裂引发井喷失控	检查井口,压井后更换井口
42	含硫油气井没有采用高硫专用管材,有焊接点	产生氢脆现象破坏管线	更换管线
43	放喷管线、压井管线接出方向不对	不利于制喷引发其他伤害	放喷管线季节下风向,压井管线季节上风向
44	井喷失控没有切断危险区电源火源,动力未熄火	引发火灾	动力熄火,切断电源、火源
45	井场没有特种车辆回转余地	压井制喷时,无法摆放车辆,延误时间	提前考虑特种车辆回转余地
46	不能及时准确地发现溢流	引发井(涌)喷	及时准确观察溢流
47	对浅气层危害性缺乏认识	浅气层油气上窜速度快,让人措手不及、易失控	加强认识,注意防范

续表

序号	风险因素	存在危害	控制措施
48	相邻注水井不停注或未减压	制喷带来危害	停注,泄压
49	下钻速度快	产生激动压力,致使地层破裂	控制下钻速度
50	发现易流井涌关井不迅速	井涌扩大至井喷	迅速关井
51	井控 HSE 管理不到位	易发生电伤害、火灾、中毒、爆炸等事故	加强井控 HSE 管理
52	防喷演练不熟练	延误防喷时间,导致井喷	加强演练提高熟练程度
53	没有安装逃生器	井喷时不便逃生	安装逃生器,并进行逃生演练
54	防坠器不好使	井喷时不便逃生	使用前检查或更换
55	有毒有害气体监测仪不灵	无法监测有毒有害气体,引发施工人员中毒或死亡	强化仪器检测
56	对现场井控预案了解不透	防喷时慌乱,易使溢流增大	加强预案学习
57	井控三项记录虚假	领导忽视,全员放松,酿造井喷大祸	真实,有效
58	干部值班记录虚假	领导自酿苦酒,求得铁窗	真抓,实填
59	忽视井涌或溢流	诱发井喷,机毁人亡	重视溢流,迅速关井
60	忽视案例分析与学习	缺乏防喷经验	加强学习和总结

七、增产作业 HSE 风险控制

压裂(图 5-9)、酸化(图 5-10)作业作为油田增产的主要措施手段,在油田生产中的运用越来越多,压裂、酸化的作业量在逐年增加,特别是压裂酸化施工事故对设备、人员、环境的破坏及社会影响力逐年增加,从而控制好压裂酸化风险显得尤其注意。

(一)压裂施工

(1)压裂时套压升高。压裂时套管压力过高,如果反复开关,套管压力仍旧上升,则应停止施工,将封隔器上提到射孔段以上验证密封再加深验串,然后起出全部油管复查管柱,并采取相应措施。

图 5-9 压裂施工现场

(2)砂堵。砂堵是由于加砂过程中混砂比过大、加砂过猛、混入脏物、压裂液变质、压裂大泵突然发生故障等造成砂子下沉堵住喷砂器及井下管柱,使压裂失败,造成压裂返工。应进行循环大排量的反洗井,同时可以活动管柱抖落砂子,以解除砂堵。

(3)压断管柱。压断管柱事故多发生在封隔器卡距内,活动断脱多发生在管柱上部,其原因是油管强度不够。起出上部断脱管柱,如果鱼头未破坏,可直接下入相应打捞工具进行打

图 5-10 酸化施工现场

捞;若鱼头已破坏,应进行修整鱼头后再打捞;若鱼头情况不清楚,应下入探视工具获取资料。

(4)油管上顶。压裂过程中油管上顶的原因是下部封隔器失灵或地层下串,使得卡距高压全作用在上封隔器,因而像活塞一样将其上顶;或者压裂第二层时,下部压裂封隔器不工作,只有上封隔器胀开,将其上顶。油管轻微上顶可以继续施工;油管上顶严重时,应停止施工,反复开关套管使封隔器坐封,然后再继续压裂施工,如果上下封隔器损坏,应起出换新封隔器进行施工。

(5)试挤时无注入量或注入量很小。在试挤时如果无注入量,可以憋高压,但应在井下管柱和地面管线、设备允许压力之下,停几分钟快速放空,如此反复多次,就有可能压开难压层。如果高压憋放无效,应起出管柱复查,若管柱无误,则应采取洗井酸浸、酸化预处理措施。

(6)地面管线刺漏。若在加砂之前地面管线刺漏,应停车放空管线中压力,不可带压处理,以免高压下发生意外伤人。如果加砂、替挤时管线刺漏,应停止加砂,略减小排量替挤后再停车处理。

(二)酸化作业

(1)现场配酸人员操作时,要站在上风口;搬酸、倒酸操作时要穿戴好安全防护服、防酸手套、面具等,并准备好苏打水或蒸馏水,以便人身沾上酸液时及时清洗,防止酸液灼伤人体和衣服。

(2)配酸人员应适时替换;配酸完毕,操作人员要用苏打水或蒸馏水冲洗眼睛和裸露的皮肤。

(3)施工过程中,若发生设备管线刺漏,必须停泵,关好总阀门,放压后才能进行处理;施工结束后,必须先关好井口闸门,放空泄压后才能卸管线,严禁带压砸卸管线。

(4)施工中,所有人员应远离高压管线,禁止跨越高压管线。

(5)排酸过程中,从井内排出的酸液要妥善处理,严禁排入附近农田、生产区、民用水道、农田灌溉水渠,以防伤害人畜、污染环境。

(6)挤酸时,如泵压超过试验压力,应立即停泵检查,核对井下管柱,严禁盲目施工,防止造成事故。

增产作业 HSE 风险识别与控制汇总见表 5-3。

表 5-3 增产作业 HSE 风险识别与控制

风险识别	控制措施
换装井口作业,井口无法控制发生井喷	(1) 正确选择压井液循环洗压井; (2) 开井观察(时间大于换井口时间的 1 倍以上),观察无溢流显示后,再次用同样密度的压井液循环洗压井 1 周以上; (3) 更换井口全过程要连续向井内灌压井液,保持液面在井口
井口设备刺漏	(1) 按照设计要求对井口及井控装备进行试压并试压合格; (2) 加固井口及放喷管线; (3) 放喷时有专人观察压力,及时更换油嘴,发现阀门刺漏立即关井
排液时,由于酸液与地层发生反应,产生 H_2S 气体,造成人员中毒	(1) 排出的残酸要用碱液中和; (2) 排液时要有专人坐岗观察,对有毒有害气体进行持续监测; (3) 发现有毒有害气体及时点火
诱喷过程中,排液出口有溶解气或伴生气聚集,造成火灾、爆炸、中毒	(1) 具备条件的要点火燃烧,不具备燃烧条件的要加强监测,重点是井口、计量罐、储液罐及生活区的监测; (2) 用大功率防爆轴流风机对井口、出口罐及宿舍区中可能存在的气体进行吹扫、稀释

八、防喷作业 HSE 风险控制

(一) 井喷的预防

(1) 加强教育。井下作业公司的管理者要加强安全教育,使全体施工人员都建立防喷意识,以便能应付突然发生的井喷事件。

(2) 防止井喷。对井喷应以预防为主,原则是保持压井液的静液柱压力略高于地层压力,关键是选好相应密度的压井液,不能为了安全,一味地加大压井液的密度,要坚持"压而不死,轻而不溢"的原则。

(3) 起下钻操作。操作人员在起下钻时,应认真执行"灌注压井液,保持足够高的液面"相关规定;坚持按《起下管柱操作规程》作业,控制起升速度,以免产生抽汲作用;在洗井或冲砂作业中,要认真观察油井返出量的变化及出口是否有气泡,并果断采取有效措施。

(二) 井喷的控制

控制井喷的关键是井控装置。在作业中,井喷多发生在起下钻过程中,因此,安装灵活可靠的防喷器(图 5-11)是有效地对油井进行控制的最佳措施。起下钻前,要做好抢装井口的一切准备。对气井及高压井,套管两侧均应装双套双翼阀门。套管阀门靠近水池子一侧,应连接好两根油管备用,以便井喷时压井,尽量减少在井口工作时间。起下钻应连续作业,若因故停工应装好井口。

图 5-11 防喷器

九、高空作业 HSE 风险控制

(1)凡患有高血压、心脏病者,严禁上井架进行高空作业。

(2)凡登高 2m 以上作业,必须正确配戴安全带(图 5-12),安全带拴在牢固可靠位置后,才能工作。

(3)高空作业使用的工具、用具,上井架时必须用棕绳在身上拴牢靠,工作时拴在井架上。

(4)上、下梯子手要抓牢,脚要蹬稳,防止打滑或踩空。

(5)在高空作业时要防止掉落东西,作业完后严禁往下扔工具、用具。

(6)在二层平台工作时要遵守上下联系信号,起、下作业时注意游车及钢丝绳,摘、扣吊卡时两脚站稳,缆绳兜紧,吊卡扣牢,保险销销紧;立柱摆放整齐,用绳子捆牢。

(7)高空作业处理故障时,下面严禁站人。

(8)天车与井口偏斜时,不准用手拉、推游车、吊卡、吊环及钢丝绳,只许用游绳拉、拽扶位。

(9)夜间高空作业要有充足的照明设备。

(10)经常检查井架、二层平台、天车等各部件联结螺钉、绷绳和绳卡的紧固情况。

视频 5-2 为高空作业 HSE 风险控制。

视频5-2 高空作业 HSE风险控制

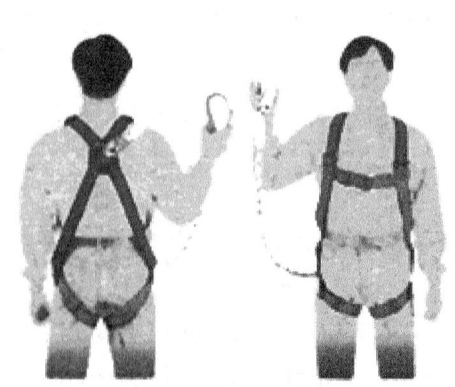

图 5-12 正确配戴安全带

十、井场用电和防火防爆 HSE 风险控制

(一)井场用电

(1)井场用电线路一律由供电单位负责架设,不许私自架设电路;线路布置整齐,不能横穿井场和妨碍交通,同时要便于施工。

(2)必须用正规电线,禁用裸线、电话线或用照明线代替动力线。

(3)线路应绝缘良好,用木杆架设,高度不低于 2.5m,禁止拖地或挂在绷绳、井架或其他铁器上。

(4)井架照明必须用防爆灯,电线保证绝缘,固定可靠。

(5)井场照明应有足够的亮度,防爆灯架起高度不小于 2m;水银灯距井口至少 5m,架起高度不少于 4m;探照灯应有灯架,高 1m,灯线必须用绝缘胶皮软线,并定期检查。

(6)电器开关应装在距井口 15m 外的室内或开关盒内,必须装触电保护器;探照灯、防爆灯闸刀应分开设置,发生井喷时应立即断开电源。

(7)电暖器和其他用电设备必须有接地线,防护措施可靠。

(二)防火防爆

1. 井场发生着火、爆炸的原因

(1)违章作业,不按"用火规定"和"先点火后开气"进行操作;或用天然气扫线,由明火、电火引起天然气爆炸。

(2)电机超负荷运转,井、站内用普通灯头和开关,电线过松、短路打火引起爆炸着火。

(3)在井场内吸烟,使用明火,动用电气焊,穿带铁钉子的鞋或铁器撞击打火而引起着火。

(4)作业机排气管排火星,锅炉烟囱冒火星;加热炉炉膛内有余气没放掉就点火,引起加炉炉膛爆炸着火。

(5)井场外有油污、杂草,因为烧荒或井场外着火引起井场着火。

(6)井喷引起着火。

2. 井场防火防爆措施

据上述着火原因,在作业施工井场内严禁吸烟和使用明火,井场施工动火焊井口或管线时,必须办理动火手续,非经有关部门审批,没有严密的安全措施,任何单位和个人不得擅自动火施工;冬季施工使用电热管时,严禁接触易燃物品;在井场内不准用铁器撞击;井场内不准穿带铁钉的鞋,应穿胶底工鞋;对全体施工人员进行防火、灭火教育,使工人重视防火防爆工作,人人会使用消防设施。

3. 井场着火控制措施

(1)立即迅速向上级部门汇报,并报火警,同时积极扑救。

(2)切断油、气、电源,放掉容器内压力,隔离或搬掉易燃物品。

(3)刚起火或小面积着火,要迅速扑灭,可用泡沫灭火器、砂土等扑灭;若扑不灭,要控制火势,尽量防止它向油气方向蔓延。

(4)油箱、油池着火,切勿用水灭火,应使用干粉灭火器或泡沫灭火器灭火。

(5)电器着火,在没断电源时,可用干粉灭火器灭火(图5-13)。

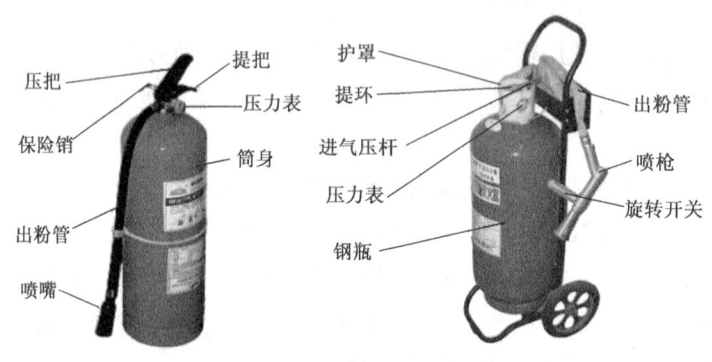

图5-13 干粉灭火器

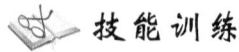 技能训练

项目一 干粉灭火器的使用

一、准备工作

(1)穿戴好劳保用品,准备合格的干粉灭火器。

(2)操作人员要求:本项目所需操作人员1人。

视频5-3 干粉灭火器的使用

二、操作步骤

(1)将干粉灭火器提到着火现场,置于上风处。

(2)打开保险销,把喷管头上的堵盖打开,对准火源根部。

(3)拉动拉环,或压下销钉,干粉即喷出灭火。

(4)手拿胶管,喷头左右摆动,由外向内将火扑灭(视频5-3)。

三、注意事项

灭火时,不要离火太近,小心火苗烧伤。

项目二 正压式空气呼吸器的使用

一、准备工作

(1)穿戴好劳保用品,准备正压式空气呼吸器。

(2)操作人员要求:本项目所需操作人员1人。

二、操作步骤

(一)使用前的准备

(1)检查气瓶压力及系统气密性:逆时针方向旋转瓶阀手轮至少2圈,如果发现有气体从供气阀中流出,则按下供气阀上的节气开关,气流应停止。30s后观察压力表的读数,气瓶内空气压力应不小于28MPa。顺时针方向旋转瓶阀手轮,关闭瓶阀,继续观察压力表读数1min,如果压力降低不超过0.5MPa,且不继续降低,则系统气密性良好。

(2)检查报警器:顺时针方向旋转瓶阀手轮,关闭瓶阀,略微打开供气阀上的冲泄阀旋钮,将系统管路中的气体缓慢放出,当气瓶压力降到5.5±0.5MPa时,报警器应开始起鸣报警,并持续到气瓶内压力小于1MPa时止。

(二)使用步骤

(1)佩戴装具。将气瓶朝向自己,然后展开肩带,并将其分别置于气瓶两边,两手同时抓住背架体两侧,将呼吸器举过头顶,同时两肘内收贴近身体,身体稍微前倾,使呼吸器自然滑落于背部,并确保肩带环顺着手臂滑落在肩膀上;然后站直身体,向下拉下肩带,将呼吸器调整到舒适位置,使臀部承重。

(2)扣紧腰带。将腰带外螺纹插入内螺纹内,然后将腰带左右两侧的伸缩带向侧后方拉紧,将腰带收紧确保扣牢。

(3)佩戴面罩。检查面罩组件,确认口鼻罩上已装配吸气阀,且口鼻罩位于下巴罩后面及两个传声器的中间,把头罩上的带子翻至面窗外面,一只手将面罩罩在面部,同时用另一只手外翻并后拉将面罩戴在头上。带子应平顺无缠绕,向后拉动劲带(下方带子)两端,收紧劲带,在向后拉动头带(上方带子)两端,收紧头带。

(4)面罩密封性。用手掌心捂住面罩接口处,深吸气并屏住呼吸5s,应感到面窗始终向面部贴紧(即面罩内产生负压并保持),说明面罩与脸部的密封良好,否则需重新收紧头带和劲带或重新佩戴面罩。

(5)打开瓶阀。逆时针方向旋转瓶阀手轮至少2圈。

(6)装供气阀。使供气阀上的红色冲泄旋钮处于12点钟位置,将供气阀的凸形接口插入面罩上相对应的凹形接口,然后逆时针旋转1/4圈,使节气开关转至12点钟位置,并伴有"喀嗒"一声。此时,供气阀上的插板将滑入面罩上的卡槽中锁紧供气阀。

(7)检查装具呼吸性能。供气阀安装好后,深吸一口气打开供气阀,随后的吸气过程中将有空气自动供给,吸气和呼气都应舒畅,无不适感觉。可通过几次深呼吸来检查供气阀性能。

三、使用说明

(1)正确佩戴装具且经认真检查后即可投入使用。

(2)使用过程中要注意随时观察压力表和报警器发出的报警信号,当听到报警声时应立即撤离现场。

四、注意事项

(1) 使用前应检查呼吸防护用品的完整性,任何面罩和过滤器都不能单独使用。

(2) 进入危险环境前,应先佩戴好呼吸防护用品,在危险环境作业的人员应始终佩戴呼吸防护用品。

(3) 开启气瓶阀,检查储气压力。当气瓶内储气压力降至 3.43~4.41MPa 时,报警器发出汽笛声,此时气瓶还能供气 8~10min,以便使用者撤离作业现场。

(4) 在使用过程中,使用者感到有异味、刺激、恶心等不适症状时,应立即离开危险环境,并检查呼吸防护用品是否存在故障,若无故障,应及时更换过滤器。

(5) 逃生型呼吸防护用品只允许从危险环境中离开时使用,不允许进入危险环境。

(6) 使用长管面具时,应注意进气口不能被堵塞,同时导气管不能有折叠或压扁的现象,应保证气流通畅。

(7) 正压式空气呼吸器应每月至少检查 1 次。

视频 5-4 为正压式空气呼吸器的使用。

视频 5-4　正压式空气呼吸器的使用

思 考 题

1. 井下作业风险识别概括起来可归纳为哪几个方面?
2. 通井作业施工时通常采用的风险控制措施有哪些?
3. 打捞落物作业施工时通常采用的风险控制措施有哪些?
4. 井喷风险控制措施有哪些?

第六章

海洋石油工程HSE风险识别与控制

案例导入

一、事故经过

2015年11月20日,某平台对某井进行大修作业过程中,钻台组合完成后,需要在环形防喷器与旋转防喷器之间安装变压法兰,变压法兰的安装高度离地面2.3m。由于空间有限,人员站不开,紧固变压法兰砸螺栓时人只能站在甲板上。在紧固变压法兰过程中,由副司钻张某抡锤,锤击尾部拴有尾绳的扳手,井架工闫某拽锤击扳手的尾绳。紧固螺栓过程中锤击扳手飞出砸到闫某右上唇部,导致闫某右上唇部约2cm的伤口。

二、事故分析

(一) 直接原因

(1) 工作位置或姿态不正确。井架工闫某拽尾绳位置不正确,与大锤锤击方向一致,如遇锤击扳手脱落或锤头飞出可造成拽尾绳人员受伤。

(2) 工具使用不当。锤击扳手在使用过程中由于高度过高,尾绳牵引方向未与锤击扳手平行,受到外力锤击时易发生脱落。

(3) 缺乏隐患存在意识。副司钻在使用锤击扳手过程中由于高度过高,没有进行站位垫高措施就开始锤击,未判断出锤击扳手受到撞击后脱开可能飞出的方向及造成的危害;伤者闫某未判断出尾绳牵引方向未与锤击扳手平行,受到外力锤击时易发生脱落。

(4) 设备有缺陷。变压法兰本体与螺栓孔距离过近,锤击扳手在使用过程中由于变压法兰管壁与螺栓间隙过小,现场的梅花型锤击扳手无法使用。

(5) 工具缺陷。开口锤击扳手在使用过程中发生弹性形变容易与螺栓脱开。

(二) 间接原因

(1) 思想麻痹大意,缺乏隐患存在的意识,对关键的安全行为没有充分认识,作业前未对锤击扳手锤击存在飞出伤人的风险进行充分的分析和识别。

(2) 决定欠妥以及缺乏判断,未识别到工作中可能受到的危害,站位错误。

三、安全启示

(1) 高空作业手工具要系好尾绳。

(2)所有手工具禁止抛投。

(3)使用管钳、铜锤、锯弓等手工具时,手部的握姿或者手部的拿姿必须规范。

(4)撬棍、改锥等手工具的用力方向必须安全。

(5)涉及多人配合作业时,注意站位,禁止交叉作业。

(6)使用油桶起吊夹等手工具时尤其注意首部保护。

(7)在井口使用手工具要做好井口保护,防止井下落物。

第一节 海洋石油工程 HSE 风险识别

全球海洋油气资源丰富,海洋石油资源量约占全球石油资源总量的34%,处于勘探早期阶段。

海洋油气资源主要分布在大陆架,约占全球海洋油气资源量的60%,但大陆坡的深水、超深水域的油气资源潜力可观,资源量约占全球海洋油气资源量的30%。经过长期的勘探开发,全球陆地和浅海重大油气发现的数量已越来越少,规模越来越小。同时,在高油价刺激下,石油公司纷纷将目光转向探明程度还很低的深海。深水油气勘探开发投资年均增长30.4%。

在全球海洋油气探明储量中,目前浅海仍占主导地位,但随着石油勘探技术的进步,人们逐渐将目光转向之前涉足较少的深海(水深小于500m 为浅海,大于500m 为深海,1500m 以上为超深海)。2000 年至2005 年,全球新增油气探明储量 $164 \times 10^8 t$ 油当量,其中深海占41%,浅海占31%,陆上占28%。

全球深海石油产量持续增长。从区域看,海洋石油分布与生产极不平衡。目前,海上石油开发已形成三湾、两海、两湖的生产格局。"三湾"即波斯湾、墨西哥湾和几内亚湾;"两海"即北海和南海;"两湖"即里海和马拉开波湖。其中,波斯湾的沙特阿拉伯、卡塔尔国和阿拉伯联合酋长国,里海沿岸的哈萨克斯坦、阿塞拜疆和伊朗,北海沿岸的英国和挪威,还有美国、墨西哥、委内瑞拉、尼日利亚等,都是世界重要的海上石油生产国。

在世界海洋石油产量中,北海海域石油产量及其增长速率,一直居各海域之首,2000年产量达到峰值$3.2 \times 10^8 t$,随后逐渐下降。波斯湾石油产量缓慢增长,年产量保持在$(2.1 \sim 2.3) \times 10^8 t$,而墨西哥湾、巴西、西非等海域石油产量增长较快,年均增长超过5.0%,其中,墨西哥湾可能在未来数年超过北海,成为世界最大产油海域。

海洋石油生产对石油工程各个工序的工艺要求非常高,海洋石油工程对 HSE 的要求远远高于陆上对石油工程 HSE 的要求。除了满足陆上石油工程 HSE 的相关规定,还应该有其特殊的相关规定。

石油存储于地下高温、高压环境下,石油生产的各个工序极易引发爆炸事故的发生,而海洋石油工程在其特殊的作业场所和环境的双重作用下,风险性更大(视频6—1)。从健康、安全、环境(即海洋石油工程 HSE)三个角度对海上作业环境进行整体分析,对可能存在的风险进行识别和控制,是海洋石油工程 HSE 管理体系的重点工作。

视频6-1　海洋石油工程HSE风险特殊性

一、海洋石油工程 HSE 风险概述

海上生产设施远离陆地,从几十公里到上百公里不等,因此要求海洋平台应建立一套完善可靠的供应系统,以满足海洋平台的生产和生活需求。

(一)海洋平台的特点

海洋平台要经受各种恶劣气候和风浪的袭击、海水的腐蚀及地震的危害。为了确保海洋平台的安全作业,要求海洋平台应能适应恶劣的海况和海洋环境。由于海上采出的油气是易燃易爆的危险品,加上各种生产作业频繁,发生事故的可能性很大;同时受海洋平台空间的限制,油气装置、设施、电气设施、人员住房可能集中在同一海洋平台上。因此为了确保海洋平台的安全生产,必须对海洋平台的管理提出极为严格的要求,以保证操作人员的安全,保证生产设备的正常运行和维护。

油气生产过程会对海洋造成环境污染,主要是在正常作业情况下,油田生产污水及其他污水的排放,以及各种海洋石油生产作业事故造成的原油泄漏。因此海洋油气生产设施应设置污水处理设备,使其达标排放;还应备有原油泄漏的处理设备,使海洋平台的生产能满足海洋环境保护的要求。

(二)风险源的界定

风险源的界定一定要准确,它必须覆盖所有生产经营活动的全过程,包括:生产经营活动中所有常规和非常规的活动;所有进入工作场所人员的活动;工作场所的所有设施。

(三)风险源的识别原则

风险源的识别原则,主要有以下几方面:一是违反安全健康环保法律、法规及其他要求的;二是潜在尚未发生但后果极为严重,影响安全生产的;三是过去因类似原因发生过异常情况的;四是相关方的意见和建议。

风险源由一个或多个风险点源组成,风险点源识别应考虑的状态有三种:即正常、异常、紧急。危险点源辨别的常用方法有交谈了解法、现场观察法、资料查阅法、过程分析法。作为海洋石油工程主战场的采油平台和终端处理厂,一般都存在一定的风险点源,例如原油生产、液化气生产、原油储罐、油气水分离器、热水锅炉、热介质炉、开试排放罐、闭试排放罐等。原油储罐的风险点源识别样表见表6-1。

表 6-1 原油储罐的风险点源识别样表

容易发生的事故	引发事故因素	事故预防措施	应急处理办法
火灾、爆炸	(1)进罐原油温度过高不稳定,天然气易挥发; (2)消雷装置失效; (3)罐区有明火作业; (4)罐区天然气探头失效	(1)控制进罐原油温度,保持原油稳定; (2)定期检查消雷装置,确保完好有效; (3)罐区有明火作业时,随时检测动火周围天然气含量,发现有天然气及时停止明火作业; (4)发现失效天然气探头及时更换	(1)及时启动消防报警系统; (2)人员按火灾应急部署职责就位,及时扑灭火灾; (3)做好各种记录,如实向上级汇报
原油冒罐	(1)操作失误; (2)监控液位仪表失效	(1)加强操作工责任心培养和教育; (2)发现液位仪表失效及时维修和更换	(1)及时倒罐,停止原油进冒罐; (2)处理冒出罐外的原油

二、海洋石油 HSE 风险源识别

(一)油气泄漏

海上油田开发远离陆地,各种设备都是安置在人工岛或和相应的海洋平台(图6-1)上的,其中包括各种罐体和管线,若各种设备安装设计之初没有将各种因素考虑全面致使设计存在缺陷,就极易造成因密封失效而引起的油气泄漏。油气泄漏是危险度极高的风险事件,容易引发火灾、爆炸、环境污染、操作人员缺氧窒息或化学品外泄腐蚀物体等危害系数较高的风险。人工岛和海洋平台远离陆地,不利于救援,且空间和设备有限,一旦发生油气泄漏进而引发火灾、爆炸等安全事故,极易造成油田开采人员的伤亡;油气泄漏又会给施工作业海域带来严重的油气污染,受海浪流动性的影响,受污染的海域会逐渐扩大(图6-2),严重者会影响深海生物的健康。

图 6-1 海洋平台

图 6-2 海洋油气泄漏

(二)海上高压

海上发生高压爆发事件,会对现场作业人员的生命造成极大的威胁,造成油气的大量泄漏。海上出现高压压覆的事件多是由压力高的工艺流程中某个环节泄漏造成的,海上高压会造成井喷、管线刺漏;海上突发的高压会使井附近的地层压力严重低于液柱压力,从而使井发生井喷,喷出的油气有可能受外界高温高压环境的影响而发生火灾或爆炸。最典型的海上井喷事故当属发生在2010年4月20日的墨西哥湾井喷事故(图6-3)。

图6-3 墨西哥湾井喷失控事故

(三)起吊事故

海洋石油的开发需要起吊机等工具才能达成预期的效果,在人工岛和海洋平台上起吊机容易发生碰撞、落物、倒塌或坠落等意外事故。在起吊机的作用范围内,高空坠物等安全事故会对作业范围内的人员造成一定的伤亡(图6-4)。

(四)施工环境

油田开发是个高风险的施工行业,对作业环境及操作人员的技术、素质要求高。在施工现场,严禁在人工岛或海洋平台吸烟或用明火,若有类似的违规行为会对施工环境造成一定的安全隐患(图6-5)。施工环境的不安全多数是由作业人员的素质不高造成的,在明令禁止的情况下做出违纪的事,对施工造成严重的威胁。

图6-4 海洋起吊事故　　　　图6-5 海洋平台动火引起火灾

第二节　海洋石油工程 HSE 风险控制

海洋石油工程的 HSE 管理工作,特别是海洋石油工程 HSE 风险的控制工作主要是通过以海洋石油工程 HSE 管理原则为指导方针,强化对各种潜在风险的消减,通过采取科学合理的手段,对油田开发的 HSE 风险进行控制,以确保开采作业的安全顺利进行。

海洋石油工程涉及的范围包括海洋平台、海底管线、海上终端、陆地终端等海上油田生产设施建设,以及陆地建造、海上运输、海上安装调试等工作,还有海洋石油生产工作。海洋石油工程 HSE 风险控制不仅涉及陆地上常见的交叉作业、高空作业、吊装作业、焊接作业等 HSE 风险的控制,还要涉及海洋气候环境条件下进行的运输、海上安装、调试等作业活动带来的风险控制。

一、加强队伍建设

从事海(水)上作业人员的基本条件是身体健康,并经企业认可的医院按照有关标准进行体检,要求没有妨碍从事本岗位工作的疾病和生理缺陷;接触职业病危害因素的人员应有防疫部门出具的身体健康证明;要经过安全和专业技术培训,具有从事本岗位工作所需的安全和专业技术知识。

应根据不同的作业状况选择具有相应资质的施工队伍,搞好施工设计并经发证检验机构审查,指定专人负责全过程安全监督。海上油田开发对作业人员的专业技术和心理素质等综合能力要求非常高,为确保作业的顺利完成,企业需加大对作业人员的培训力度,以 HSE 管理的指导原则为依据,强化对海洋石油作业人员的 HSE 管理培训。

(一)从业人员持证培训

从事海洋石油工程的作业人员,必须经过正规培训,取得合格证后,方可持证上岗,具体要求是必须具备"五小证"和健康证。"五小证"的有效期为 5 年。各级海洋石油作业单位应组织对海洋石油作业人员进行安全生产培训,并建立海洋石油作业人员培训档案。"五小证"培训内容有:

(1)海上消防、海上急救的培训。通过对模型进行口对口人工呼吸、心肺复苏等操作来培训学员。

(2)消防知识培训。学员对着燃烧的油桶进行单兵扑灭,还要集体扛着水龙带对一栋房子进行扑灭,有的学员还要背着正压式空气呼吸器到大火中将模拟人抢救出来。

(3)艇筏操纵。到港口内操纵一辆救生艇在港口内行驶,每个学员都要学会驾驶。

(4)直升机水下逃生。先是在课堂上进行教学,然后就是到游泳池里实际操作。具体做法:先水下憋气,必须在水下憋气 40s 以上(入水前深吸一口气憋足了气)。然后是潜游,培训要求学员潜游距离不得少于 10m,潜游时间也要在 30s 以上。接下来进行 5m 台跳水,首先在

3m台进行练习,通过后转到5m台,在穿着救生衣情况下,一只手捏着鼻子,另外一只手护着捏鼻子的那只手的胳膊,从高台上往前一跨,然后并腿,垂直地掉在水里,然后游向橡皮船,并爬上去,再以正确姿势下筏。跳水时不需要过多动作,脚朝下头在上,最好是垂直下去;捏住鼻子的手,到人出水后才可以放开,否则会呛水;如果不是垂直跳下去,那么,肚皮或者屁股将会直接冲击水面。最后是直升机水下逃生,一般5人一组(4名学员和1名教练),游泳技术较差的分左右坐在舱门口,游泳技术较好的分左右坐在后面。一手按着安全带,一手抓着舱门。教练带着潜水镜站在中间看着。在一个像直升机座舱的铁笼子里,铁笼子从高处掉入游泳池中,入水后在水下憋足10s才可以出去,游泳技术较差的先出舱,游泳技术较好的教练拍腿之后才可以出舱,登充气筏。

(二)专业合格证书培训

从事不同岗位的人员还要取得相应的专业合格证书。

(1)对于从事钻井、完井、修井、测试作业的监督、经理、高级队长、领班,以及司钻、副司钻和井架工、安全监督等人员应接受井控技术培训,并取得具有相应资质培训机构颁发的培训合格证书。每4年进行1次再培训。

(2)钻井、井下作业正副司钻应接受司钻安全操作技术培训,并取得具有相应资质培训机构颁发的培训合格证书。每2年进行1次再培训。

(3)在可能出现H_2S的作业场所从事钻井、完井、修井、测试、采油及储运作业的人员,应进行防H_2S技术专门培训,并取得具有相应资质培训机构颁发的防H_2S技术合格证。每4年进行1次再培训。

(4)无线电技术操作人员应按照政府有关主管部门的要求进行培训,并取得相应资格证书。

(5)稳性压载人员(含钻井平台、浮式生产储油装置稳性压载和平台升降技术人员)应接受稳性与压载技术培训,并取得具有相应资质培训机构颁发的培训合格证书。每4年进行1次再培训。

(6)为海洋石油作业服务的船舶上的船员应按照国家主管部门规定进行培训,并持有与所在船舶相适应的船员适任证。

(7)无损检测人员应按照国家主管部门规定进行培训,并取得无损检测人员资格证;放射人员应按照国家主管部门规定进行培训,并取得相应证书。

(8)属于特种作业人员范围的特种作业人员应按照有关法律法规要求进行专门培训,取得特种作业操作资格证书。

(9)外方人员在国外合法注册和政府认可的培训机构取得的证书和证件,经中方作业者或者承包者确认后在中国继续有效。

(三)日常安全教育

根据《中国海洋石油安全教育管理规定》编制培训计划,结合海上安全生产实际情况,确定培训内容,组织培训新员工和在职员工考核并做好记录。

(1)所有新入厂员工上岗前应进行三级安全教育并考核合格,员工岗位变动应重新进行相关岗位的安全教育后方可上岗。新入厂员工的安全教育至少应包括以下内容:①国家有关安全生产的法律、法规、标准;②通用安全技术、职业卫生基本常识;③海上作业特点、风险情况、本岗位的操作规程和岗位应知应会;④本岗位的职业病预防措施、劳保用品的保管和使用方法;⑤作业单位内部的有关管理制度;⑥海洋石油设施上安全装置的使用方法和注意事项;⑦典型事故案例及其教训,预防事故的基本知识;⑧危害识别及风险评估方法。

(2)在职员工应开展日常安全教育和安全活动,班组安全活动每月不少于2次,每次不少于1学时。在职员工的安全教育至少应包括以下内容:①学习有关安全生产文件、安全技术规程、安全管理制度及安全技术知识;②讨论分析典型事故,总结和吸取事故教训;③开展逃生、救生、防火、防爆、防中毒及自我保护能力训练,以及发生异常情况的紧急处理演练。

(四)安全资料管理

各级海洋石油作业单位均应根据要求,建立安全管理台账。基层单位安全管理台账至少应包括以下内容:海洋石油作业人员名册;事故台账;各种证书、证件;安全设备的维修、测试、更换、再次施工安装及故障记录和相应的证明材料;安全演习、训练记录;安全生产检查记录;海况、气象记录;海上工作日志及作业记录;平台配备的救生设备及属具、安全器材及检测工具记录,更换后及时变更记录;基层班组安全活动记录;安全会议记录;海洋石油专业设备检验档案;常规业务活动的管理内容与方法;其他相关安全资料。

二、加强作业监督

(1)通过完善HSE管理体系,强化科学设计降低风险。

(2)严格执行SY/T 6276—2014《石油天然气工业健康、安全与环境管理体系》。

(3)钻井作业,在海上进行石油天然气钻井作业,钻井的条件、一般安全管理、安全制度和资料、防火防爆、井控、用电管理、起重作业、钻井专用设备的安全、钻井作业安全、石油作业事故管理等,按SY/T 6307—2016《浅海钻井安全规程》执行。

(4)测井作业,海上测井作业中的资格认可、吊装、危险品运输及监护、现场作业的要求等,按SY/T 5726—2018《石油测井作业安全规范》执行。

(5)采油(气)、井下作业中的基本条件,安全管理、井控、井下作业专用设备的安全,井下作业安全等,按SY/T 6321—2016《浅海采油与井下作业安全规程》执行。

(6)锅炉压力容器管理的设计、制造、安装、使用、检验、修理、报废的管理,按《海洋石油生产设施锅炉压力容器安全管理规则》执行。

(7)输油气压力管道的安全管理按SY 5747—2008《浅(滩)海钢质固定平台安全规则》执行。

三、强化设备管理

(一)特种设备安全管理

(1)起重机安全管理按 SY 5747—2008《浅(滩)海钢质固定平台安全规则》执行。

(2)直升机甲板安全管理按 SY 5747—2008《浅(滩)海钢质固定平台安全规则》执行。

(二)消防设施管理

(1)消防设施的管理应纳入安全管理和设备管理工作中,设专人负责,建立消防设施台账,定期对消防设施的维护、保养、试验、称重、药剂更换(补充)等进行监督检查。

(2)消防水泵房、泡沫泵站、装置及罐区内固定消防设施、小型移动式消防器材等消防设施的具体要求按 SY/T 6429—2017《海洋石油生产设施消防规定》执行。

(三)安全设施管理

1. H_2S 防护管理

钻遇未知含 H_2S 地层时,应提前采取防范措施;钻遇已知含 H_2S 地层时,应实施检测和控制。钻井装置安装 H_2S 报警系统,当空气中 H_2S 的浓度超过 $15mg/m^3$($10ppm$)时,系统立即能以声光报警方式报警;固定式探头至少应安装在喇叭口、钻台、振动筛、井液池、生活区、发电及配电房进风口等位置。至少配备探测范围 $0\sim30mg/m^3$($0\sim20ppm$)和 $0\sim150mg/m^3$($0\sim100ppm$)的便携式 H_2S 检测仪各 1 套,探测器件的灵敏度应达到 $7.5mg/m^3$($5ppm$)。储备足够数量的 H_2S 检测样品,以便随时检测探头。

通常情况下,钻井装置上配备 15~20 套正压式空气呼吸器,其中生活区 6~9 套、钻台上 5~6 套、钻井液池附近 2 套、录井房 2~3 套。钻进已知含 H_2S 地层前,或者临时钻遇含 H_2S 地层时,钻井装置上配备供全员使用的正压式空气呼吸器,并配备足够的备用气瓶。钻井装置上配 1 台呼吸器空气压缩机。医务室配备处理 H_2S 中毒的医疗用品、心肺复苏器和氧气瓶。

安装风向标、风速仪。当空气中含 H_2S 浓度小于 $15mg/m^3$($10ppm$)时,挂标有 H_2S 字样的绿牌;当空气中含 H_2S 浓度处于 $15\sim30mg/m^3$($10\sim20ppm$)时,挂标有 H_2S 字样的黄牌;当空气中含 H_2S 浓度大于 $30mg/m^3$($20ppm$)时,挂标有 H_2S 字样的红牌。标志信号应放置在易于看见的位置。

在可能含 H_2S 地层进行钻井作业时,应采取下列 H_2S 防护措施。在可能含有 H_2S 地区的钻井设计中,标明含 H_2S 地层及其深度,估算 H_2S 的可能含量,以提醒有关作业人员注意,并制定必要的安全和应急措施。当空气中 H_2S 浓度达到 $15mg/m^3$($10ppm$)时,及时通知所有平台人员注意,加密观察和测量 H_2S 浓度的次数,检查并准备好正压式空气呼吸器。当空气中 H_2S 浓度达到 $30mg/m^3$(20ppm)时,在岗人员应迅速取用正压式空气呼吸器,其他人员到达安全区,并通知守护船在平台上风向海域起锚待命。当空气中 H_2S 浓度达到 $150mg/m^3$(100ppm)时,组织所有人员撤离平台。使用适合于钻遇含 H_2S 地层的钻井液,钻井液的 pH 值保持在 10 以上;适当储备净化剂、添加剂和防腐剂;钻井液中脱出的 H_2S 气体集中排放,在有条件的情况下,可以点火燃烧。钻遇含 H_2S 地层,起钻时使用钻杆刮泥器。若将湿钻杆放在甲板上,必要时,作业人员佩戴正压式空气呼吸器。钻进中发现空气中 H_2S 浓度达到 $30mg/m^3$(20ppm)时,立即暂时停止钻进,并循环井液。在含 H_2S 地层取心,当取心筒起出地面之前 10~20 个立柱,以及从岩心筒取出岩心时,操作人员应戴好正压式空气呼吸器。运送含 H_2S 岩心时,采取相应包装措施密封岩心,并标明岩心含 H_2S 字样。在井液录井中若发现有 H_2S 显示时,及时向钻井监督报告。在预计含 H_2S 地层进行中途测试时,测试尽量安排在白天,测试器具附近尽量减少操作人员。严禁采用常规的中途测试工具对深部含 H_2S 地层进行测试。钻穿含 H_2S 地层后,增加工作区的监测频率,加强 H_2S 监测。在含 H_2S 地层进行试油时,试油前应召开安全会议,落实人员防护器具和人员急救程序及应急措施,在试油设备附近将人员减少到最低限度。

在可能含有 H_2S 地层进行钻进作业时,钻井设备、器具应符合下列规定:钻井设备具备抗硫应力开裂的性能;管材具有在 H_2S 环境中使用的性能,并按照国家有关标准的要求使用;作业设备、管材、生产流程及附件等,定期进行安全检查和检测检验。

完井和修井作业的 H_2S 防护,参照钻井作业的有关要求执行。在可能含 H_2S 地层进行生产作业时,应采取下列 H_2S 防护措施:生产设施上配备 6 套正压式空气呼吸器;在已知存在含硫的油气生产设施上,全员配备正压式空气呼吸器,并配备一定数量的备用气瓶及 1 台呼吸器空气压缩机;生产设施上配备 2~3 套便携式 H_2S 检测仪、1 套便携式比色指示管探测仪和 1 套便携式 SO_2 探测仪;在已知含 H_2S 的生产装置上,安装 H_2S 报警装置;当空气中 H_2S 浓度达到 $15mg/m^3$(10ppm)或者 SO_2 浓度达到 $5.4mg/m^3$(2ppm)时,作业人员应佩戴正压式空气呼吸器;装置上应配有用于处理 H_2S 中毒的医疗用品、心肺复苏器和氧气瓶;在油气井投产前,采取有效措施,加强对 H_2S、SO_2 和 CO_2 的防护;用于油气生产的设备、设施和管道等应具有抗 H_2S 腐蚀的性能。

2. 平台逃生和救生装置管理

平台逃生和救生装置应经发证检验机构认可,对平台逃生和救生装置的基本要求是平台逃生和救生装置须经受必要的生产试验,以确保这些装置是按已认可的原型设备的同一标准进行制造的,平台逃生和救生装置应能在平台所处海域的气温范围内存放而不损坏,并应能在该海域的水温范围内正常使用;还应按所用规范、标准要求配置反光带,平台逃生和救生装置应标明其适用年限或必须更换的日期。

1) 救生艇

有人驻守平台应配备救生艇(图6-6),救生艇装置应设置在安全区内,保证在应急时能安全使用。平台配备的救生艇应能容纳其总人数,若平台总人数超过30人,所配备的救生艇不得少于两套。救生艇的全部额定乘员登艇后,应能在救生艇内将其降落并释放到水面上。救生艇的存放处应具有足够的甲板面积供乘员集合登乘救生艇,并尽可能靠近起居和服务处所。从起居处所至救生艇的存放处至少应设有尽可能远离的两个通道,应急时能保证人员顺利登乘。救生艇的登乘地点和通往登乘地点的通道、梯道及出口应设足够的照明和应急照明。每条救生艇内应配备该救生艇的操作手册和该艇乘员名单。无人驻守平台上可不设救生艇装置。

(a)敞开式救生艇

(b)封闭式救生艇

(c)救助式救生艇

(d)自由落体救生艇

图6-6 平台救生艇

救生艇应设动力驱动的起艇机,起艇机应符合下列规定:设有手制动器和自动调节下降速度的调速制动器;除设有机动装置用以回收救生艇外还应配有有效的手动装置;应装有连锁装置,使用手动装置时能自动切断电源;所配备的吊艇索应是无旋转、耐腐蚀的绳索;设有安全装置,在救生艇回收到原来位置之前要自动切断电源。

救生艇应装设一副独立的重力式吊艇架,吊艇架应有足够的强度,并应安装在平台的承重结构上。吊艇架应在出厂前进行强度试验,试验负荷为最大工作负荷的两倍。吊艇架安装于平台后,应进行救生艇升降试验,试验后的吊艇架及其附件不得有影响强度的缺陷。

2) 救助艇

平台群中的生活平台应配备一艘符合《国际海上人命安全公约》要求的救助艇,救助艇应符合下列规定:可以是刚性的或充气的,或两者混合结构;长度不小于3.8m,且不大于8.5m,除至少能容纳5名坐姿乘员外,同时还应能容纳一名躺卧乘员;航速应不小于6节,并在此航速下连续航行4h;在波浪中应具有足够的机动性和操纵性,能从水中营救人员和集结救生筏;应设有足够强度的拖带设施和足够强度、长度的拖带浮索;若刚性全封闭机动耐火救生艇能满足对救助艇的要求,经发证检验机构同意,可代替救助艇。救助艇的存放和降落装置应布置在安全区内,并能保证在应急情况时,将其迅速地降落到水面上。

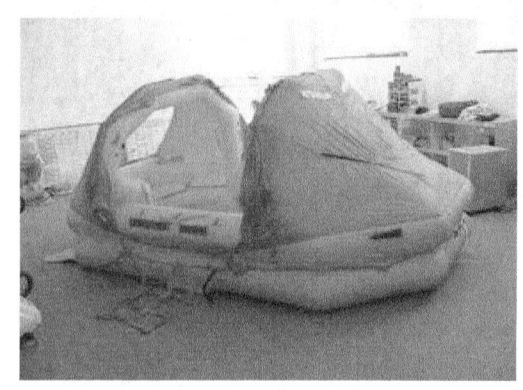

图6-7 气胀式救生筏

3) 救生筏

平台所配备的气胀式救生筏应能容纳平台总人数。平台群中的生活平台应配备能容纳其总人数的气胀式救生筏(图6-7),平台群中的其他平台应按各自实际工作的最多人数和特点配备气胀式救生筏。无人驻守平台可按定员12人考虑。

平台配备的气胀式救生筏应符合下列规定:设有上下两层浮胎或其他等效设施;其浮力分隔舱应为双数,每一分隔舱应设安全阀和止回阀;设有顶棚,以保护乘员免受因暴露所引起的伤害;当救生筏载足全部额定乘员及属具在海浪中漂浮时应稳定;筏底应水密,并能补充气体,以隔热御寒;筏底应设扶正绳,若筏底充气成型呈翻覆状态,应能由一个人将其扶正;应设两个出入口,每个出入口处应有供落水人员登筏的梯子;应设有足够强度的被拖带装置;应存放在水密且耐用的容器内,充气时应能将容器内的救生筏自动张开;应配备足够的属具;应尽可能沿平台甲板边缘合理地布置;救生筏及其存放容器应存放在刚性固定式筏架上并加以固定,应急时能迅速地将救生筏抛落到水面;额定乘员应满足6~25人要求;充气拉索长度应为从其最高存放位置到最低天文潮位水面之间高度的1.5倍,但至少不应小于30m;应根据救生筏的存放位置,在尽量接近水面的甲板边缘设置绳梯或其他等效的登乘装置;必须定期对其进行检验。

4) 救生圈

平台应配备足够的救生圈(图6-8),其中至少有2个应带自亮浮灯、4个应带自亮浮灯和自发烟雾信号(图6-9)。每个带自亮浮灯和自发烟雾信号的救生圈应配备一根可浮救生索,可浮救生索的长度应为从救生圈的存放位置至最低天文潮位水面高度的1.5倍,并至少为30m长。平台群中的生活平台上应配备足够的救生圈,其中至少应有6个带自亮浮灯、自发烟雾信号和可浮救生索。平台群中的其他平台也应配备足够的救生圈,其中至少有2个应带自亮浮灯、2个应带自亮浮灯和自发烟雾信号,每个带自亮浮灯和自发烟雾信号的救生圈应配备一根可浮救生索。救生圈应沿甲板的边缘合理布置,存放在人员易于到达的支架上,不得永久固定,应能随时取用。

图6-8 救生圈

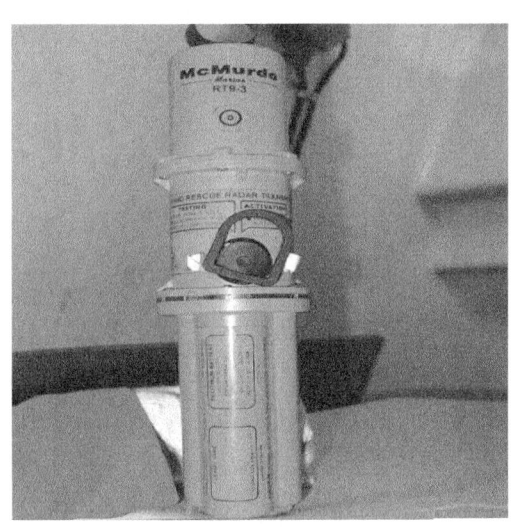

图6-9 自亮浮灯和自发烟雾信号

5)救生衣

平台应配备符合下列规定的救生衣(图6-10):救生衣以泡沫塑料或其他等效材料制成,应具有足够的浮力和稳性;应能反穿,若只能一面穿时,应尽可能防止穿着错误;应能在无需他人帮助下60s内穿着完毕;穿着者从4.5m高处跳入水中不会受伤,救生衣也不移位或损坏;救生衣的浮力分布应使穿着者在静水中处于筋疲力尽或失去知觉时,能在5s内从任何位置转动至面部朝上、嘴离水面至少120mm,并使其身躯后仰斜漂与垂线成20°~50°;救生衣被火包围2s后,离开火源应不持续燃烧;每件救生衣应有一只哨笛,用细绳系牢;每件救生衣应配备一只救生衣灯;平台应配备数量为其总人数210%的救生衣,其中住室内配备100%;平台甲板工作区内配备10%,救生艇站配备100%;无人驻守平台按定员12人考虑。工作区内配备的救生衣应存放在干燥、安全的柜内,该柜应位于易到达的地方,并有识别的标记。

6）保温救生服

寒冷地区的平台和平台群上应每人配备一套保温救生服（图6-11）。保温救生服应符合下列规定：应采用防水材料制成；在无他人帮助下，能在2min内拆包并穿好；在被火完全包围2s后，离开火源不致燃烧或继续熔化；遮盖除脸部以外（包括双手在内）的整个身体；从不低于4.5m的高处跳入水中，人员不受伤，保温救生服不损坏、不移位，不致有过多的水进入保温救生服；应保证穿着保温救生服的人员能爬上爬下直梯，在水中作短距离游泳并登上救生艇、筏；每件保温救生服应有一只哨笛，用绳系牢；保温救生服应能提供足够的热保护，使穿着者在平静流动的水中、水温为0℃～2℃、经过6h后，体温降低不超过2℃；穿着者应能在不超过5s内，从脸部朝下姿势翻转成脸部朝上姿势。

图6-10　救生衣　　　　　　　图6-11　保温救生服

7）抛绳设备

平台和平台群中的生活平台上，应配备一套抛绳设备。抛绳设备应符合下列规定：能相当准确地将绳抛射出去；包括不少于4个抛绳器，每个能在无风天气中将绳抛射至少230m远；备有简要说明书或图解阐明抛绳设备的用法；手枪发射的火箭，或火箭与抛射绳组成整体的组件，应装在防水的外壳内；此外，对于手枪发射的火箭、抛射绳和火箭及引燃器材应储存在抗风雨的容器内；应存放在易于到达的地方，并随时可用。

8）遇险信号

平台和平台群中的生活平台上至少应配备12个红光降落伞信号，该信号应符合下列规定：应装在防水外壳内，并应配有信号用法的简要说明或图解；信号使用时发出明亮的红光，燃烧时间不少于40s，降落速度不大于5m/s，燃烧时不烧损降落伞或附件。

平台和平台群中的生活平台上至少应配备2支橙色烟雾信号，该信号应符合下列规定：应装在防水外壳内,并配有简明须知或图解;在整个喷出烟雾期间不喷出任何火焰、不会爆炸,在石油覆盖的水面上应能安全使用;在海浪中烟雾应连续,不被海浪淹没。

遇险信号存放在易于到达的地方,其附近不得有热源通过。

此外,住人平台应设置至少两套尽量远离的应急逃生用固定式金属梯。还应配备便携式绳梯、打结逃生索或类似用具,其放置地点应邻近救生筏旁。逃生用具应能从最顶一层甲板或通常有人的处所,依次延伸到每层下面的甲板,并延伸至人员到达水面的着落处。

3. 井控设备管理

各级海洋石油作业单位应制定油(气)井井控安全措施和防井喷应急预案。

钻井作业时,钻井装置在新井位就位前,企业所属二级单位应收集和分析相关地质资料,如有浅层气存在,应安装分流系统等。钻井作业期间,在钻台上备有与钻杆相匹配的内防喷装置。下套管时,防喷器尺寸与所下套管尺寸相匹配,并备有与所下套管螺纹相匹配的循环接头。防喷器所用的橡胶密封件应按照厂商的技术要求进行维护和储存,不得将失效或技术条件不符合要求的密封件安装到防喷器中。水龙头下部安装方钻杆上旋塞,方钻杆下部安装下旋塞,并配备开关旋塞扳手。顶部驱动装置下部安装手动和自动内防喷器并配备开关防喷器扳手。防喷器组由环形防喷器和闸板防喷器组成,闸板防喷器的闸板关闭尺寸与所使用钻杆或者管柱的尺寸相符。防喷器的额定工作压力不得低于钻井设计压力,用于探井时不得低于70MPa。防喷器及相应设备的安装、维护和试验应满足井控要求。经常对防喷系统进行安全检查,检查时优先使用防喷系统安全检查表。

防喷器组控制系统的安装应符合下列规定:(1)一套液压控制系统的储能器液体压力保持在21MPa,储能器压力液体积为关闭全部防喷器并打开液动闸阀所需液体体积的1.5倍以上;(2)除钻台安装1台控制盘(台)外,另1台辅助控制盘(台)安装在远离钻台、便于操作的位置;(3)防喷器组应配备与其额定工作压力相一致的防喷管汇、节流管汇和压井管汇;(4)在压井管汇和节流管汇的防喷管线上,分别安装2个控制阀,其中一个为手动,处于常开位置,另一个必须为远程控制。(5)安装自动灌井液系统。

水下防喷器组应符合下列规定:(1)有浅层气或者地质情况不清时,导管上应安装分流系统;(2)在表层套管和中间(技术)套管上安装1个或2个环形防喷器、2个双闸板防喷器,其中1个为全封剪切闸板防喷器;(3)安装1组水下储能器,便于就近迅速提供液压能,尽快开关各防喷器及其阀门;(4)采用互为备用的双控制盒系统,当一个控制盒系统正在使用时,另一个控制盒系统保持良好的工作状态作为备用;(5)如需修理或者更换防喷器组,必须保证井眼安全,尽量在下完套管固井后或者未钻穿水泥塞前进行,必要时,打1个水泥塞或者下桥塞后再进行修理或者更换;(6)使用复合式钻柱的,应安装可变闸板,以适应不同的钻具尺寸。

水上防喷器组应符合下列规定:(1)有浅层气或者地质情况不清时,隔水(导)管上应安装分流系统;(2)在表层套管上安装1个环形防喷器、1个双闸板防喷器,大于13⅜in表层套管上可以只安装1个环形防喷器;(3)在中间(技术)套管上安装1个环形防喷器、1个双闸板防喷器(或者2个单闸板防喷器)和1个剪切全封闭闸板防喷器;(4)使用复合式钻柱的,应安装可变闸板,以适应不同的钻具尺寸;(5)应选择闸板防喷器定期进行开关活动,全封闸板防喷器每次起钻后进行开关活动,若每日多次起钻,可只开关活动1次,每起下钻1次,2个防喷器控制盘(台)交换动作1次;(6)如果控制盘(台)失去动作功能,在恢复功能后,方可进行钻井作业;(7)节流管汇的阀门、方钻杆旋塞和钻杆内防喷装置应每周开关活动1次。

水下防喷器的开关活动,除闸板防喷器每日进行开关活动1次外,其他开关活动次数与水上防喷器组开关活动次数相同。

所有防喷器及管汇在进行高压试验前,应进行2.1MPa的低压试验。防喷器安装前或者更换主要配件后,应进行整体压力试验。按照井控车间(基地)组装、现场安装、钻开油气层前及更换井控装置部件的次序进行防喷器试压,试压间隔不超过14天。对于水上防喷器组,在井控车间(基地)组装后,按额定工作压力进行试验。现场安装后,试验压力在不超过套管抗内压强度80%的前提下,环形防喷器试验压力为额定工作压力的70%,闸板防喷器和相应控制设备的试验压力为额定工作压力。对于水下防喷器组,水下防喷器和所有相关井控设备试验压力为其额定工作压力的70%。防喷器组在现场安装完成后,控制设备和防喷器闸板按照水上防喷器组试压规定进行。

对整套防喷器系统、隔水(导)管和配套设备,按照制造厂商推荐的程序进行检查和维护。在海况及气候条件允许的情况下,防喷器系统和隔水(导)管至少每天检查1次外观,水下设备的检查可以通过水下电视等工具完成。钻井液池液面和气体检测装置应具备声光报警功能,其报警仪安装在钻台和综合录井室内;还应配备井液性能试验仪器。钻井液量应符合下列规定:(1)开钻前,计算钻井液材料最小需要量,落实紧急情况下补充钻井液的储备计划;(2)记录并保存钻井液材料(包括加重材料)的每日储存量,若储存量达不到所规定的最小数量,停止钻井作业;(3)作业时,当返出钻井液密度比进口钻井液密度小$0.02g/cm^3$时,将油套环空钻井液循环到地面,并对钻井液性能进行气体或者液体侵入检查和处理;(4)起钻时,向井内灌注钻井液,当井内静液面下降时,或者每起出3至5柱钻具后,应灌满钻井液;(5)井内起出钻杆测试工具前,钻井液应进行循环或者反循环。

完井、试油和修井作业时配备与作业相适应的防喷器及其控制系统,按计划储备井液材料,其性能符合作业要求。井控要求参照钻井作业有关规定执行。滩海陆岸修井作业应选用具有远程控制功能及相应压力级别的双闸板液控防喷器,高压、有毒有害气体油气井应增加剪切防喷器。对于气井、自喷井、自溢井应安装井下封隔器;在海床面30m以下,应安装井下安全阀,并定期进行水上控制的井下安全阀现场试验,试验间隔不得超过6个月;新安装或者重新安装的井下安全阀均应进行试验。海床完井的单井、卫星井或者多井基盘上,每口井应安装水下控制的井下安全阀,地面安全阀保持良好的工作状态。配备适用的井口测压防喷盒,紧急关闭系统应保持良好的工作状态。基层作业单位应妥善保存各种水下安全装置的安装和调试记录等资料。进行电缆射孔、生产测井、钢丝作业时,在工具下井前,应对防喷管汇进行压力试验。钻开油气层前100m时,应通过钻井循环通道和节流管汇进行低泵冲泵压试验。放喷管线应使用专用管线。在寒冷季节,应对井控装备、防喷管汇、节流管汇、压力管汇和仪表等进行防冻保温处理。井控设备管理执行 SY/T 6432—2019《浅海石油作业井控规范》。应急关断系统投产后每三个月进行一次试验、每年进行一次校验。

4. 火灾与可燃气体报警系统管理

火灾与可燃气体报警系统,投产后每三个月进行一次试验,每年进行一次校验;便携式 O_2、H_2S、可燃气体检测仪器应按规范、标准要求配齐,每年进行一次校验、维护。

火灾与可燃气体探测报警系统中的所有设备和装置必须得到检验机构的认同或认可;电源系统应由双电源供电,其中一路应为应急电源。火灾与可燃气体探测器设置的地点、数量、探测器的规格种类必须能保证对所有可能发生火灾和泄漏可燃气体的地方进行连续监测。

其中火灾探测报警设备主要有:(1)火灾报警盘,安装在中控室;(2)热探头,安装在室内;(3)烟探头,安装在室内;(4)紫外线探头,安装在室外现场;(5)手动报警站,安装在室外现场。

可燃气体探测器应安装在危险区及通风和助燃空气的入口处;探测器应分别安装在泄漏源附近和可燃气容易聚积的地方,以保证能探测到轻于空气和重于空气的可燃气体并保证其工作不受环境的影响。当探测到的可燃性气体浓度达到爆炸下限的20%时,应在中央控制室的火灾盘上进行连续的声、光报警;浓度达到爆炸下限的50%时进行声、光报警和相应的关断,并在火灾盘上显示出事故发生的位置。平台宜配备手提式可燃气体探测器,供巡检和热工作业使用。

在生活区和生产区、公用区应按所用规范、标准的规定安装热探测器、烟探测器或火焰(紫外线、红外线)探测器及其他类型的探测器、易熔塞回路,以便及早地探测到火灾,并在火灾盘上和火灾现场进行报警,同时能自动或手动进行相应的关断,以切断火灾区域的油气流、该区域的通风系统和电源及停止火灾区域机器设备的运转、燃油供应(不包括应急电源及消防泵)。

平台上应设有手动火灾报警装置,安装在人们易于到达的地方和脱险通道的关键部位。火灾与可燃气体探测报警系统应按所用规范、标准的规定进行标定试验,应能在火灾盘上进行自检和故障报警。

现场配备的应急广播喇叭,应使现场任何位置的人员都能听到广播的声音;在安全分析的基础上,报请安全办公室批准。无人驻守的简易平台可以不设置探测报警系统。登上平台的人员应携带手提式可燃气体探测器。

平台上应根据消防防护处所的火灾性质和危险程度,按所用规范、标准有选择地装设水消防系统、泡沫灭火系统、气体灭火系统、干粉灭火系统等固定灭火系统;在安全分析的基础上,报请安全办公室批准。无人驻守的简易平台可以不设置水消防等固定式灭火系统。水消防系统由消防泵、消防总管、消防软管站、消防水带、消防水枪(或炮式喷射器)水喷淋等组成。

保护的设备主要是原油储罐、液化气储罐。输油平台可考虑装设一个固定式水幕系统进行保护,其有效保护范围为:长度为输油平台的最大长度,高度大于输油臂的高度。在不便使用气体灭火剂的处所(露天设备),可采用水喷淋灭火系统,该系统应符合所采用规范、标准的有关规定。水喷淋灭火系统保护的设备及区域主要有井口区、油水分离器、油气换热器、柴油发电机组、污油水罐。

气体灭火剂容器一般应存放于被保护处所之外,能以手动和自动两种方式释放,其管路和喷嘴应能在规范规定的时间内将所需的灭火剂喷入被保护处所,应按所用规范、标准确定气体灭火剂用量。气体灭火系统应设声、光报警装置及灭火剂释放延时装置,报警后应延时10~60s(可调)释放灭火剂,以便操作人员安全撤离。在适宜用气体灭火剂保护的处所也可采用CO_2灭火系统,该系统的控制装置应位于易于接近且不致为受保护处所的火灾所隔断的地方,应按所保护设施的容积、确定CO_2灭火剂的用量。

干粉灭火系统适合于采用干粉灭火系统保护的处所,干粉灭火系统应能在30s内将干粉灭火剂释放到被保护处所,其释放装置应有自动和手动两种方式,应按所用规范、标准确定干粉灭火剂用量。

直升机甲板的消防设施除应按《民用直升机海上平台运行规定》执行外,还应考虑在通往直升机甲板的通道附近配备和存放下列消防设施:总容量不少于45kg的干粉灭火器;总容量不少于18kg的CO_2灭火器或等效设备;对于设有消防水供给设施的平台,在直升机甲板的两侧各设置一个消防软管站和水、泡沫两用炮式喷射器,以保证上述设备在任何情况下足以喷射到直升机甲板的任何部位;一套固定式泡沫灭火系统,其能力按不少于$6L/(min \cdot m^2)$配置,喷洒泡沫液时间至少5min,防护面积为以直升机总长为直径的圆面积。

在安全分析的基础上,经发证检验机构审查,并报安全办公室批准,可以适当简化直升机甲板消防设备的配置。应配备防护服、消防靴和手套、头盔、有绝缘木柄的消防斧及可连续使用3h的手提式安全灯一个。自持呼吸器的配备应根据平台特点及操作人员数量考虑,一般不少于4套,要求工人会使用、会检查、会保养。平台和平台群中的生活平台应至少配备4套装有消防员装备的消防备品柜;根据平台性质和工作人数,经发证检验机构同意,可适当减少配置数量;其设置位置应易于到达并尽量相互远离,其中一个柜应设置于靠近直升机甲板的地方,并应备有一根带金属钩长3m的钩杆。

对于手提式灭火器,要求每个住人的住室至少应配备一个,走廊进出口处和每隔10m的地方应配备一个,每个厨房应至少配备一个,每个储藏室出口附近至少应配备一个,中央控制室及无线电室的出口附近至少应配备一个。

"A"类机器处所灭火器配置包括:每一锅炉间内应设置135L泡沫灭火装置一套,泡沫灭火装置应备有绕在卷筒上的软管,其长度足以使泡沫喷至锅炉间的任何部位。锅炉间的每一生火处所还应配置一个手提式灭火器。合计总输出功率等于或大于375kW的内燃机处所应按所用规范、标准的有关规定设置固定式灭火系统。其他机器处所灭火器配置包括:应配置容量至少为45L的泡沫灭火器(或等效设备)和手提式灭火器,其数量和布置应符合所用规范、标准的规定;任何有失火危险的其他机器处所(包括起重机)应按所用规范、标准的有关规定设置手提式灭火器具;各层生产甲板应根据具体情况至少配置两个手提式灭火器,其布置应使从甲板任何一点到达灭火器的步行距离不大于10m。

四、关注特殊管理

(一)职业卫生管理

(1)作业单位应根据各自的情况,认真分析可能危害人体健康的场所,并采取防范措施,确保人不受伤。

(2)作业单位应根据海上作业特点和环境条件,及时、足量发放劳保用品和标志性服装。

(3)工作人员工作时应根据不同工作需要穿戴相应的劳保用品。

(4)海洋石油设施应按标准设置劳动防护设施(装置)、安全标志和警语。

(二)用火作业分级管理

用火作业前,由施工单位负责办理用火手续并填写《用火申请报告书》,按审批权限上报,经批准后方可用火;批准《用火申请报告书》后,有关人员应到现场检查用火准备工作及用火措施的落实情况,并监督实施,确保安全施工。用火作业的具体管理,按 SY 6303—2016《海洋石油设施热工(动火)作业安全规程》执行。

(三)起重吊装作业管理

起重指挥人员、司索人员和起重操作人员应经过专业部门培训、考核,取得相应证书后方可上岗;起重作业前,应对起重器具的安全可靠性及周围环境进行检查;吊装大中型设备、构件应制定施工方案及安全技术措施;在起吊作业中,各方人员应协调一致,统一信号,统一指挥;起重吊装作业的具体管理应按集团公司《起重作业安全管理规定》执行。

(四)高处作业管理

高处作业人员应穿戴好劳保用品;三级以上高空作业应办理高处作业许可证;恶劣气候条件影响施工安全时,禁止进行高处作业。高处作业具体管理应按集团公司《高处作业安全管理规定》执行。

(五)受限空间作业管理

受限空间作业应按集团公司《进入受限空间作业安全管理规定》执行。

(六)弃井作业管理

弃井作业应按《海洋石油弃井作业管理规则》执行。企业及所属二级单位在进行弃井作业或清除井口遗留物 30 天前,应向相关部门报送下列材料:一是弃井作业或清除井口遗留物安全风险评价报告;二是弃井作业或清除井口遗留物施工方案、作业程序、时间安排、井液性能等报告。

永久性弃井应符合下列要求：在裸露井眼井段，对油、气、水等渗透层进行全封，在其上部打至少50m水泥塞，以封隔油、气、水等渗透层，防止互窜或流出海底；裸眼井段无油、气、水时，在最后一层套管的套管鞋以下和以上各打至少30m水泥塞；已下尾管的，在尾管顶部上下30m的井段各打至少30m水泥塞；已在套管或者尾管内进行射孔试油作业的，对射孔层进行全封，在其上部打至少50m水泥塞；已切割的每层套管内，保证切割处上下各有至少20m水泥塞；表层套管内水泥塞长度至少45m，且水泥塞顶面位于海底泥面下4～30m。对于永久弃井，所有套管、井口装置或桩应按照国家有关规定实施清除作业；对保留在海底的水下井口装置或者井口帽，应按照国家有关规定向相关部门报告。

临时弃井应符合下列要求：在最深层套管柱的底部至少打50m水泥塞，在海底泥面以下4m的套管柱内至少打30m水泥塞。

（七）交叉作业管理

(1) 交叉作业实施前，主作业单位对交叉作业进行审批，填写《交叉作业审批表》，并由交叉作业的双方（多方）召开协调会，明确主作业单位的指挥人员，并明确各岗位的职责。

(2) 在主作业区进行其他工作前，应得到主作业单位负责人的同意。

(3) 交叉作业的各方均应执行平台、船舶的各项安全规定。

(4) 交叉作业过程中，任何一方发生应急情况时，首先应处理应急情况。

（八）拖带作业管理

(1) 海上移动式平台拖航、移位、就位、靠离井口、锚泊的管理应按SY/T 6346—2016《浅海移动式平台拖带与系泊安全规定》执行；座底式平台沉浮、自升式平台升降作业管理应按SY/T 6428—2018《浅海移动式平台沉浮与升降安全规范》执行；半潜式平台的沉浮作业应按平台操作手册执行。

(2) 大型结构物（如装船运输的导管架、井口平台，海底管线的浮拖）拖带前，作业单位应委托有资质的设计部门进行拖带设计计算，并经发证检验机构认可。

（九）恶劣天气下作业管理

(1) 在大风（台风）、大雾、雷电、暴雨等恶劣天气到来前，大型吊装、起下管柱、高空作业及水面作业应提前采取避让措施。

(2) 当上述恶劣天气到来时，应按照应急计划执行；发生应急计划未包括的紧急情况时，应停止作业。

(3) 当出现需要紧急救助的作业时，由现场最高管理者请示上级决定；不具备请示条件的，由现场最高管理者依具体情况决定。

(4) 在易结冰水域作业的设施、船舶应满足作业海区的环境条件要求，作业前应制订详细的防范措施。

(十)船舶管理

(1)海上石油作业船舶的安全管理应执行国家海事局颁布的《国内航行海船法定检验技术规则》。

(2)海上石油作业船舶所载物品及搭乘人员应满足船舶技术证书的要求。

知识拓展

海上石油工程"十二大"事故

一、英国北海 Piper Alpha 平台爆炸

Piper Alpha 是西方石油公司运作的北海(英国)石油天然气平台,它的油气产量占到当时北海总油气产量的 10%。1988 年 7 月 6 日,天然气平台发生爆炸事故,造成 167 人死亡,事故总损失 34 亿美元(图 6 – 12)。这起事故是目前为止海洋石油工业最严重的事故。爆炸事故震惊了英国,震动了世界海洋石油界。

事故发生的主要原因是:(1)作业许可执行不严;(2)交接班不仔细;(3)设计存在缺陷;(4)变更管理无措施;(5)应急协调能力差。

二、巴西 P – 36 半潜式采油平台爆炸

巴西石油公司在里约热内卢州坎普斯湾海上油田作业的 P – 36 半潜式采油平台,于 2001 年 3 月 15 日发生爆炸事故,事故造成 11 人死亡(图 6 – 13)。平台在爆炸后经救援无效 5 天后沉没。P – 36 平台上储存有 $150 \times 10^4 L$ 原油,随着平台坍塌下沉,原油迅速开始泄漏。据专家预测,事故给巴西石油公司带来的直接经济损失至少将达 10 亿美元,仅停产一项每天就要损失 300 万美元。

事故发生的主要原因是:(1)设计存在缺陷;(2)应急程序及管理不完善,缺乏应对紧急情况的规程和培训。

图 6 – 12 英国 Piper Alpha 平台爆炸

图 6 – 13 巴西 P – 36 半潜式采油平台爆炸后下沉

三、印度钻井平台大火事故

2005 年 7 月 27 日下午 4 时 05 分左右,距离印度重要金融城市孟买仅 160 公里的海上石

油钻井平台突然发生大火,当时有380多人在该平台工作,造成8人死亡,另有20多人下落不明(图6-14)。事故发生的主要原因是大浪推挤停泊在钻井平台旁边的供给船,使其与钻井平台相撞引起了大火。

四、"渤海2号"翻沉事故

1979年11月25日,石油部海洋石油勘探局"渤海2号"钻井船在渤海湾迁移井位拖航作业途中翻沉,死亡72人,直接经济损失达3700多万元(图6-15)。这是中华人民共和国成立以来天津市石油系统最重大的死亡事故,在世界海洋石油勘探历史上也是少见的。

事故发生的主要原因是钻井船违反《自升式钻井船使用说明书》和海洋石油勘探局制订的《渤海2号钻井船使用暂行规定》中关于拖航应排除压载水的规定,而且不满足拖航条件要求;另外也是石油部领导不按客观规律办事、不尊重科学、不重视安全生产、不重视职工意见造成的。

图6-14 印度钻井平台大火

图6-15 "渤海2号"翻沉

五、"威望号"溢油污染事故

2002年11月13日,装有7.7×10^4t燃料油、船长243m的巴哈马籍老龄单壳油轮"威望号"在从拉脱维亚驶往直布罗陀的途中,遭遇强风暴,造成船体损坏导致燃料油泄漏(图6-16)。到油轮沉没时约有1.7×10^4t燃料油泄漏,污染最严重的海域,泄漏的燃油厚38.1cm。事故导致西班牙附近海域的生态环境遭到了严重污染,这次泄漏事件堪称世界上有史以来最严重的灾难之一。事故发生的主要原因是船舶遭遇强风暴袭击,与不明物体发生碰撞,失去控制造成船舶搁浅,船舶被划开一个35m长的大口子。

六、伊斯托克1号钻井平台井喷事故

1979年6月3日,墨西哥湾南坎佩切湾尤卡坦半岛附近海域的墨西哥石油公司伊斯托克1号平台钻机在钻入3652m深海底油层时,突然发生严重井喷,开始原油以每天4080t的流量入海,井喷历时296天,流失原油45.36×10^4t,黑油带长480km、宽40km、厚10mm,覆盖1.9×10^4km^2,海洋环境受到严重污染(图6-17)。未控制并平衡好油层压力造成井喷

是事故发生的主要原因。

图6-16 "威望号"溢油污染事故

图6-17 伊斯托克1号钻井平台井喷事故

七、爪哇海号钻井船翻船事故

1983年10月25日23时15分,由美国阿科石油公司租用、在我国莺歌海石油合同区承包钻井作业的美国环球海洋钻井公司"爪哇海"号钻井船,未采取躲避台风措施,遭到了"8316"号强台风的袭击,沉没在距离原钻井井位西南275m处。事件发生后,我国有关方面出动了22艘舰船和6架飞机,在$6.3 \times 10^4 km^2$海域内进行搜寻和营救。当时钻井船上共81人,无一人幸存,事故的全部损失达3亿5千万美元。台风是事故发生的主要原因。

八、"埃克森·瓦尔迪兹"号溢油污染事故

1989年3月24日,载有约$17 \times 10^4 t$原油的美国油轮"埃克森·瓦尔迪兹"在阿拉斯加州瓦尔迪兹驶往加利福尼亚州洛杉矶途中,为了避开冰块而航行到了正常的航道外面,在阿拉斯加州威廉王子湾布莱礁上搁浅,导致该轮的11个油舱中8个破损。在搁浅后的6小时内,从"埃克森·瓦尔迪兹"溢出了3万多吨货油。阿拉斯加州1100km的海岸线上布满石油,对当地生态造成了巨大的破坏,约4000头海獭死亡,10~30万只海鸟死亡,专家们认为生态系统恢复时间要长达20多年,事故造成的全部损失近80亿美元。"埃克森·瓦尔迪兹"油轮溢油事故成为发生在美国水域规模最大的溢油事故。事故发生的主要原因是船舶为避开冰块而航行到了正常的航道外面,造成船舶搁浅。

九、澳大利亚海上"西阿特拉斯"钻井平台油气泄漏事故

2009年8月21日,位于澳大利亚西部金伯利海岸以北约250km的"西阿特拉斯"海上钻井平台发生地下井喷事故(图6-18),爆裂处大约深3500m。由于爆炸引起的原油泄漏事故,每日有多达2000bbl(1bbl=159L)原油漏入大海,造成海面上的油层已超过8n mile(1n mile=1852m)长,油污范围最少达$1.5 \times 10^4 km^2$,相当于以色列的全部国土面积。事故区域是海洋动物在印度洋和太平洋之间迁移的"海洋高速公路"。原油污染可能影响到的海洋动物中包括3种濒临灭绝的海龟,还有海蛇和一种小型蓝鲸等珍稀生物。11月1日该钻井平台原油泄漏10周后,燃起大火。事故发生的主要原因是地下井喷。

图 6-18　澳大利亚海上"西阿特拉斯"钻井平台油气泄漏事故

十、"海洋石油 298"台风遇险事故

2006 年 8 月 3 日 11 时 33 分,"海洋石油 298"在广东省上川岛以东 18n mile 附近海域受台风"派比安"影响遇险。广东省海上搜救中心协调香港特区政府飞行服务队 2 架救助直升机赶赴现场救助遇险船员,68 名船员全部获救。台风是事故发生的主要原因。

十一、墨西哥湾漏油事件

2010 年 4 月 20 日夜间,位于墨西哥湾的"深水地平线"钻井平台发生爆炸并引发大火,大约 36 小时后沉入墨西哥湾,11 名工作人员死亡。这一平台属于瑞士越洋钻探公司,由英国石油公司(BP)租赁。钻井平台底部油井自 2010 年 4 月 24 日起漏油不止。事发半个月后,各种补救措施仍未有明显突破,沉没的钻井平台每天漏油达到 5000bbl,并且海上浮油面积由 2010 年 4 月 30 日统计的 9900km^2 基础上进一步扩张。此次漏油事件造成了巨大的环境和经济损失,同时也给美国及北极近海油田开发带来巨大变数。

十二、中石油大连漏油事故

2010 年 7 月 16 日,大连新港附近中石油的两条输油管道先后发生爆炸起火和原油泄漏事故,油管爆炸引发大连中石油国际储运有限公司一油罐起火,并造成 1500 多吨原油泄漏,百余平方千米海域受到污染,救援工作历时数日。7 月 28 日,官方宣布清污工作基本完成,与此同时,中石油的善后巨款也浮出水面,初步核算花费至少数亿。

技能训练

项目一　心肺复苏操作

一、准备工作

(1)准备好心肺复苏模拟人一套。

(2)操作人员要求:本项目所需操作人员1~2人。

二、操作步骤

(1)操作者首先评估现场环境,要保证已经脱离危险环境才能进一步实施救人的步骤。

(2)拨打120急救电话,并大声呼救。

(3)检查病人意识、脉搏和呼吸,拍肩膀并大声呼叫病人,观察是否有反应;快速检查颈动脉是否有搏动;可将耳朵靠近病人鼻孔同时注视其胸部观察是否有呼吸、胸部是否有起伏。

(4)正确按压。找到正确的位置后,双手十指交叉相扣,按压深度至少为5cm。按压频率控制在80~100次/min,放松与按压比例为1:1,注意需让胸廓回弹。垂直向下按压胸骨,使胸骨下陷4~5cm,按压和放松的力量、时间必须均匀、有规律,不能猛压、猛松。放松时手掌根不要离开按压处。

(5)开放气道。将伤者姿势摆正,为仰卧位置,操作者处于伤者右侧,方便施救。左手掌根轻压于伤者额头,并用右手食指与中指将伤者的下巴轻轻抬起。查看伤者是否还有呼吸或呼吸是否顺畅。

(6)人工呼吸。人工呼吸前要注意清理口腔,如可见有液体、固体异物、假牙等阻塞无意识患者的气道时,可用手指清除。一般采用托颌法,人工呼吸时注意捏闭鼻孔、口对全口、自然吸气、适力吹入。每次吹气持续1s以上,连续吹气两次,胸廓起伏避免过度通气,不要吹气过猛或吹气过多。按压与人工呼吸的次数比为单人复苏15:2,双人复苏5:1。

三、注意事项

(1)实施人工呼吸前,正常吸气即可,无需深吸气;所有人工呼吸应该持续吹气1s以上,保证有足够量的气体进入,并使胸廓起伏。

(2)如第一次人工呼吸未能使胸廓起伏,再次仰头抬颏开放气道,给予第二次通气;尽量避免过度通气。

视频6-2 心肺复苏操作

心肺复苏操作视频见视频6-2。

项目二 便携式H_2S检测仪的使用

一、准备工作

(1)穿戴好劳保用品,准备合格的便携式H_2S检测仪一台。

(2)操作人员要求:本项目所需操作人员1人。

二、操作步骤

(1)打开检测仪电源。

(2)检查仪器的一级报警值10ppm($15mg/m^3$)是否正确。

(3)检查仪器的一级报警值20ppm($30mg/m^3$)是否正确。

(4)检查仪器背面"计量检定合格证"与正面下方"自编号"是否脱落,是否超过有效检定日期。

(5) 当空气中 H_2S 含量达到 10ppm（15mg/m³）时，仪器会发出慢速的鸣响、慢速的闪光，并且缓慢震动，实现一次报警。

(6) 当空气中 H_2S 含量达到 20ppm（30mg/m³）时，仪器会发出快速的鸣响、快速的闪光，并且快速震动，实现二次报警。

(7) 将检测仪显示区显示测量到的气体浓度做好记录。

(8) 关机时按住开关机按键5s以上直至显示OFF关机。

三、注意事项

(1) 为保证检测仪的测量精度，应定期对检测仪（每年一次）进行标定。

(2) 检测仪每次连续充电时间应不低于8h，并应在关机状态下充电。

便携式 H_2S 检测仪的使用见视频6-3。

视频6-3　便携式 H_2S 检测仪的使用

思 考 题

1. 海洋石油工程HSE风险控制措施有哪些？
2. 海洋石油工程从业新员工的安全教育至少应包括哪些内容？
3. 专业合格证书培训包括哪些内容？

第七章 应急管理与应急预案

> **案例导入**

一、事故经过

某年 6 月 30 日 15:35 左右，某钻井公司承钻的某井进行起钻作业，因扣太紧，白棕绳多次拉断，钻杆扣仍未卸开，后改用 3/4in 钢丝绳作猫头绳卸扣。在卸第 8 柱钻具时，司钻操作猫头，副司钻操作外钳，钻工操作内钳，内外钳均扣好后，钻工退到钻台加宽台上，司钻将 3/4in 钢丝绳在猫头绳缠了五圈，用猛力一拉，钻杆扣卸松，外钳的钳挂滑脱，外钳随着猫头绳带过去，钳挂打在司钻的头部左侧，使其倒在猫头左侧的钻台上，15:50 在送医院途中死亡。

二、事故分析

（1）员工安全防范意识不强。
（2）用钢丝绳作猫头绳卸扣时无相应安全防范措施。

三、安全启示

（1）用钢丝绳作猫头绳卸必须细心操作，制定相应安全防范措施。
（2）应配备液压大钳或相应的卸扣器。

HSE 管理体系的核心思想是"预防为主，防治结合"，通过风险管理，完成事故预防与风险控制工作。然而由于石油石化行业的固有危险性，加上管理体系的缺陷或其他原因可能导致预防及控制措施失效，从而导致事故的发生，出现紧急情况，在 HSE 管理中称为"事件或紧急情况"。为了控制紧急局面不致扩大，把人员、财产、环境污染的损失降到最低，必须事先做好充分准备。

应急管理是指通过事先制定的计划和程序，确定存在的潜在事故或紧急情况并做出快速响应，以便预防或减少可能伴随的疾病、伤害、重大财产损失和环境污染。应急管理是"防治结合"思想的重要体现。

应急管理的主要目标是：对突发事件、事故灾害做出预警；启动应急预案控制灾害事故的发生和扩大；进行有效的救援，把损失降低到最小；迅速恢复到正常状态。

当突发事件发生后，企业立即从常态管理进入非常态管理，通过应急救援又必须迅速地从非常态管理恢复到常态管理。快速、有效、高效是应急管理的命脉,减少损失与不良环境、社会影响是应急管理的目标。

第一节　突发事件与应急管理

我国突发公共事件分四类,各企业应系统识别组织内存在的潜在突发事件,以便实施应急管理。石油石化企业突发事件有:

(1)泥石流、洪灾、沙尘暴、地震、地陷等自然灾害;

(2)火灾、爆炸、中毒及其他有可能发生的造成人员、财产重大损失的事故、事件。

(3)井喷、危险化学品泄漏、放射性物质丢失;

(4)大型吊装物及吊装设备倾倒、建筑物、构筑物坍塌等施工作业事件;

(5)食物中毒,疾病暴发;

(6)公共场所、大型集会中发生的突发事件。

应急状态是指在活动、产品或服务过程中,由于主观或客观原因可能发生的紧急情况或意外事故。

一、突发事件的分类

有效地识别突发事件是应急管理的前提和基础。按突发事件的起因可分为:技术上的突发事件,主要是技术上的错误、缺陷导致的危害;自然环境突发事件,如气候的变迁、地震、泥石流、洪水等;政治经济上的突发事件,主要是由政治制度、经济活动、国际工程的恐怖袭击及公共事业政策变更等引起的;社会上的突发事件,是由社会各方利益集团引起各种冲突;组织上的突发事件,是由组织内部结构、性质带来的,如工作人员不同的民俗、文化造成的冲突。

二、突发事件形成的四个阶段

一般情况下,突发事件的形成分为四个阶段:

(1)潜伏期:表现为个别的、有限的小问题;

(2)爆发期:表现为各种问题的总爆发;

(3)处理期:制定解决方案及实施;

(4)根治期:反思与寻根、整治。

三、事故应急

(一)事故发生的四个过程

事故发生的四个过程依次是:事故隐患、危险征兆、临界状态、事故发生和扩大。

在这四个过程中,对事故隐患、危险征兆这两个过程的安全管理属于事故预防管理范畴;对临界状态、事故发生和扩大这两个过程的安全管理属于事故应急管理范畴。

(二)事故应急种类

(1)事故临界状态应急,即削除隐患、降低事故发生的概率,把事故消灭在萌芽中。

(2)事故过程应急,即把事故控制住,同时降低事故损失的严重程度。

一般说来,事前没有对事故做好预案,在事故发生的第一时间没有有效地控制与化解措施,是事故恶化的主要原因。

事故属于非常态事件,企业面对这种非常态事件,不能依靠常规管理,必须事先拟定事故的处理程序与应对计划,从常态管理迅速进入应急管理。

参与事故处理的成员,要有共同的处理原则和相应的处理流程、方法,避免因一项事故处置不当,而引发其他事故的连锁反应。

四、高效应急管理的决定因素

(一)处理突发事件时决定成败的三要素

(1)精心规划:确保应急反应、管理和支持团队,能够拥有足够的知识、良好的培训、精良的装备,时刻准备应对突发事件所带来的挑战。

(2)快速反应:这对于挽救生命、将损失最小化、保护公共健康和安全及将环境影响降至最低,具有重大的意义。

(3)有效地协调和交换信息:在企业内部各职能部门、上级主管部门、地方政府之间有效地协调和交换信息,有利于集中调度、资源共享、协同配合,使反应速度和效率最大化。

(二)高效应急管理工作所必需的四因素

(1)有针对性的、具有可操作性的应急计划。

(2)良好的标准操作流程,完善的记录、检查表格。

(3)适当的培训和练习。

(4)高效的应急指挥中心和信息处理中心。

五、应急状态通告程序和报警系统内容

(1)确定报警系统及程序。

(2)确定现场24h的通告、报警方式,如电话、警报器等。

(3)确定24h与政府主管部门的通信、联络方式,以便指挥和疏散居民。

(4)明确相互认可的通告、报警形式和内容(避免误解)。

(5)明确应急反应人员向外求援的方式。

(6)明确向公众报警的标准、方式、信号等。

企业最高管理者(企业法人)按行政管理权限报上级主管部门批准发布或授权发布企业进入(或解除)应急状态。当需要调动社会资源或涉及地方政府管理权限时,要报当地政府批准。

石油石化作业现场,由项目经理报企业主管领导批准发布或授权发布作业现场进入(或解除)应急状态,当需要调动社会资源或涉及地方政府管理权限时,要报当地政府批准。

第二节　应急预案编制与培训演练

一、应急预案编制的基本原则和要求

(一)强调系统优化

应急预案涉及石油企业与政府机构、相关方的协调统一、密切配合,需要整体优化。石油企业在建立、保持和完善维护 HSE 应急预案的各个阶段,应树立整体化的思想,对应急预案的编制与管理进行全方位的处理和协调,发挥各组织机构和各组成部分的相互作用,而不能割裂开来。要根据企业的发展、环境的变化不断调整维护好 HSE 应急预案,实现应急预案的动态管理。

(二)强调预防为主

应对紧急情况或事故的方法就是"防治结合",首先要尽可能地采取"防"的方法,其次是"治"。必须根据可能发生的紧急情况和事故,采取正确的、适宜的和有效的响应措施,减少负面影响。应急预案不只是末端管理,应将管理重点从应急事故的末端向前端转移,从发生风险后事故应急向事故因素转移,将管理的重心从事故处理向生产及管理全过程的预防控制转移,实现本质安全。因此,应急预案要考虑事故的苗头隐患、事故的发展过程、事故的控制和应急等多方面因素。

(三)强调对法律法规的符合性

应急预案在制定、维护过程中,应重视对相关法律法规的研究分析,并与之相符合,应始终将法律法规作为应急预案全过程管理的行为准则。

(四)强调关注相关方和环境

编制应急预案的根本宗旨是以人为本,实现可持续发展,实现人与环境的和谐。如果相关方的生命、财产安全和环境受到影响,必将对企业的绩效和社会声誉形成影响;同时,如果违法,同样会受到法律的制裁。满足相关方和环境的要求,使其不受到事故威胁,这也是石油石化企业应尽的社会责任。

(五)强调职责分解、全员参与

企业的风险存在于组织的活动、产品和服务的所有过程,其危害和后果影响着每一个工作岗位、每位员工,也影响着企业周边环境和相关方。同时,在应急管理中,组织和外部救援机构各自的职责不同,作用也不相同。因此,为了保证应急预案在事故前后能够正常有序落实,应确保职责分解落实到所有岗位,做到全员参与。

二、应急预案的分类与文件结构

应急预案是应急救援系统的核心组成部分,针对不同的紧急情况制定的应急预案是指导应急人员的日常培训和演习、保证各种应急资源处于良好的备战状态、指导应急行动按计划有序进行的规范性文件。

(一)应急预案的分类

我国的应急预案分为政府预案(外部预案)和企业预案(内部预案)两类,又可以分为总预案和专项预案。内部预案根据组织级别分级制订,如在石油企业,集团公司、各油田企业(油田公司、勘探局)、企业所属二级单位、二级单位下属单位(作业区、作业大队、分公司)、班组(小队)应分别制定相应级别的应急预案。

下面重点介绍编写企业预案的有关内容和要求。建议专项预案按照"预案 + 附件"形式编写。

(二)应急预案的文件结构

应急预案要形成完整的文件体系。通常完整的企业预案由总预案、专项预案、附件及指导说明书和应急行动记录四部分构成。

1. 总预案

总预案包含了应对紧急情况的管理政策、目标、应急组织和责任等内容。总预案涉及应急准备、预警预测、应急行动、应急恢复及演习等各阶段,应满足相应的原则要求。总预案是纲领性的,主要明确应急的原则、职责和总体目标,具体内容由其他文件详细说明。

2. 专项预案

专项预案是针对某一类具体突发事件编写的,说明某个具体行动的目的、范围、机构与职责、预警与报警、资源需求、处置程序等。专项预案的内容较为具体,包括该做什么、由谁去做、什么时间和什么地点等,还包括应急通信程序、现场急救程序、现场监测程序、疏散程序、抢险程序等。

3. 附件及指导说明书

对于基层或作业现场的应急预案,往往涉及一些技术细节,可以通过附件或指导说明书加以补充。如道路交通图、厂区平面布置图、工艺流程图、风险点源分布图、安全消防设施分布图、危险化学品分布图、有关应急设备使用说明等,可以根据情况写入预案或以附件的形式展示。

4. 应急行动记录

应急行动记录是应急行动时的相关记录,如通信记录、指挥与行动记录、现场监测数据记录、应急演习与培训记录等。这些记录是文件体系必要的组成部分,是改善应急行动与预案的基础资料,具有法律证据的属性,是追究和认定法律责任的证据。

从应急行动记录到总预案,层层递进,组成了一个完整的文件体系。从管理角度而言,可以根据这四类预案文件等级分别管理,既保持了预案文件的完整性,也便于查阅和调用。

三、应急预案的主要内容

(1)总则:说明编制预案的目的、工作原则、编制依据、适用范围等。

(2)组织指挥体系及职责:明确各组织机构的职责、权利和义务;以突发事件应急响应全过程为主线,明确事故发生、报警、响应、结束、善后处理处置等环节的主管部门与协作部门;以应急准备及保障机构为支线,明确各参与部门的职责。

(3)预警和预防机制:包括信息监测与报告、预警预防行动、预警支持系统、预警级别及发布(建议分为四级预警)。

(4)应急响应:包括分级响应程序(原则上按一般、较大、重大、特别重大四级启动相应预案)、信息共享和处理、通信、指挥和协调、紧急处置、应急人员的安全防护、群众的安全防护、社会力量动员与参与、事故调查分析、检测与后果评估、新闻报道等11个要素。

(5)后期处置:包括善后处置、社会救助、保险、事故调查报告和经验教训总结及改进建议。

(6)保障措施:包括通信与信息保障,应急支援与装备保障,技术储备与保障,宣传、培训和演习,监督检查等。

(7)附则:包括有关术语、定义,预案管理与更新,相关方沟通与协作,奖励与责任,制定与解释部门,预案实施或生效时间等。

(8)附录:包括相关的应急预案、各种规范化格式文本、相关机构和人员通讯录等。

四、应急预案的编制方法

以企业预案为例,其编制一般可以分为5个步骤,即组建预案编制队伍、危险与应急能力分析、预案编制、预案的审定与发布和预案的实施。

(一)组建预案编制队伍

预案从编制、维护到实施都应该有各级各部门的广泛参与,预案编制工作由编制组执笔,但是在编制过程中或编制完成之后,要征求各部门的意见。

(二)危险与应急能力分析

1. 法律法规分析

分析国家法律、法规与要求,如安全生产与职业卫生法律、法规,环境保护法律、法规,消防法律、法规与规程,应急管理规定等。

还要调研现有预案,包括政府与上级单位的预案,如疏散预案、消防预案、工厂停产关闭的规定、员工手册、危险品预案、安全评价程序、风险管理程序、资金投入方案、互助协议等。

通过分析可以防止预案之间和预案与法律之间产生矛盾,保证预案与法律要求相一致。

2. 风险分析

分析各类紧急情况发生的可能性和潜在影响,包括由地方应急管理部门所辨识出来的紧急情况,同时还应考虑单位内部和社区可能出现的紧急情况。通常要进行以下风险分析:

(1)历史情况。本单位及其他兄弟单位、所在社区曾经发生过的紧急情况,包括火灾、危险物质泄漏、极端天气、交通事故、地震、飓风等。

(2)地理因素。单位所处地理位置,如是否邻近洪水区域、地震断裂带和大坝,是否邻近危险化学品的生产、储存、使用和运输企业,是否邻近重大交通干线和机场,是否邻近核电厂等。

(3)技术问题。某工艺或系统出现故障可能产生的后果,包括火灾、爆炸和危险品事故,安全系统、自控仪表系统、通信系统失灵,电力故障等。

(4)人的因素。人的失误可能是由下列原因造成的:培训不足、工作没有连续性、粗心大意、错误操作、习惯性违章、疲劳等。

(5)物理因素。考虑设施建设的物理条件、工艺和设备、易燃品的储存、设备的布置、照明、紧急通道与出口、避难场所邻近区域等。

(6)管制因素。分析紧急情况,考虑如下情况的后果:出入禁区、电力故障、通信电缆中断、燃气管道破裂等。

(7)恶劣的自然环境,灾害性天气、恶劣的作业环境、有限空间、有毒有害、易燃易爆、高温、低温和腐蚀性作业等。

危险分析应该全面周到,从时间、空间、物质和人员各方面考虑。并且要根据危险对人身、财产、环境和生产经营的潜在影响来确定各类危险的大小,确定哪些风险是重点关注的风险。

3. 应急能力分析

针对各类紧急情况,确认现有的综合响应能力,主要包括各类应急资源。为此,应考虑每一潜在紧急情况从发生、发展到结束所需要的资源。对每一紧急情况应考虑如下问题:

(1)所需要的资源与能力是否配备齐全。

(2)外部资源能否在需要时及时到位。

(3)是否还有其他可以利用的资源。

如果答案是肯定的,可以继续下一步工作;如果答案是否定的,则应提出整改方案,如编制额外的应急程序、采购额外的设备、签订互助协议、签订专项合同或协议等。

(三)预案编制

国家质量监督检验检疫总局于 2013 年 7 月 19 日颁布了《生产经营单位安全生产事故应急预案编制导则》(GB/T 29639—2013),编制企业预案时可以参照执行。由于生产经营单位行业类型不同,所以各行业(企业)据此又制定了各自的应急预案编制导则或提纲。

1. 危险化学品企业应急预案内容

《危险化学品事故应急救援预案编制导则(单位版)》规定了危险化学品生产、储存、经营、使用、运输和处置废弃危险化学品的单位应急预案的编制内容、格式,预案内容有如下 17 项。

(1)单位基本情况;
(2)危险目标及其危险特性、对周围的影响;
(3)危险目标周围可利用的安全、消防、个体防护的设备、器材及其分布;
(4)应急救援组织机构、组成人员和职责划分;
(5)报警、通信联络方式;
(6)事故发生后应采取的处理措施;
(7)人员紧急疏散、撤离;
(8)危险区的隔离;
(9)检测、抢险、救援及控制措施;
(10)受伤人员现场救护、救治与医院救治;
(11)现场保护与现场洗消;
(12)应急救援保障;
(13)预案分级响应条件;
(14)事故应急救援终止程序;
(15)应急培训计划;
(16)演练计划;
(17)附件。

2. 中石油各企业及下属单位应急预案内容

中石油各企业及下属单位Ⅰ、Ⅱ、Ⅲ级应急预案编制基本内容包括但不限于以下八个方面 28 项要素。

1)总则
(1)编制目的、依据;
(2)事故(事件)分类分级、适用范围;

(3)应急工作原则;

(4)应急预案体系(总预案中此条是指包含的各专项预案);

(5)应急启动条件。

2)应急组织体系及职责

(1)组织机构;

(2)职责。

3)应急运行机制(预警、救援与响应)

(1)预测与预警;

(2)应急准备,指接到事件、事故信息后,汇报应急指挥、副指挥,跟踪处置动态,通知相关职能部门做好应急准备,准备启动相应专项应急预案等;

(3)报警、接警及救援与响应,包括:

①报警程序;

②接警程序;

③救援及响应程序(判断响应级别、应急启动、响应行动、信息传递、指挥协调、事态控制、信息沟通与发布、应急状态终止、应急恢复);

④预案之间的衔接(预案纵向、横向衔接);

⑤应急联动机制(单位与单位、企业与地方之间等)。

4)应急保障

(1)通信与信息保障;

(2)应急物资装备保障;

(3)应急救援队伍(应急突击队、医疗救护);

(4)专家库;

(5)后勤保障(生活、人员安置)。

5)培训与教育

(1)培训目的;

(2)培训计划;

(3)公众教育。

6)应急演练

(1)应急演练计划(分级、分类规定频次);

(2)演练策划方案;

(3)演练与考评;

(4)演练总结与评估;

(5)备案。

7) 预案管理

(1) 预案的编制责任部门及主管部门；

(2) 预案审批(重点工程、特殊项目需专门制订相应的应急预案,并由上一级责任部门审批)；

(3) 预案维护与变更；

(4) 备案；

(5) 责任与奖惩(专项预案不设立此项内容)。

8) 相关附件

相关附件有应急启动令、解除令、应急救援队伍、应急联络电话、应急物资储备等。

应当说明的是,以上内容是应急预案的基本内容。为了体现应急预案科学、实用的原则,石油企业特别是基层单位的应急预案应根据实际情况、各自特点编写。

(四)预案的审定与发布

预案应经单位各级管理人员、应急管理人员和应急响应人员充分讨论和修订、评审,经批准后才能发布。

(五)预案的实施

预案经批准后实施生效。应注意,预案实施不只是在紧急情况时的执行,应将预案融入单位的整体活动中,包括预案的传达、培训和演练、应急物资的准备等。

五、应急培训与演练

(一)应急培训的原则和范围

为提高应急救援人员的技术水平与应急救援队伍的整体能力,经常性地开展应急培训应成为应急管理的一项重要工作。

应急培训的指导思想是加强基础、突出重点、边练边战、逐步提高。

应急培训的基本任务是锻炼和提高队伍在突发事件情况下的快速抢险堵源、正确指导和帮助群众防护或撤离、有效消除危害后果、开展现场急救和伤员转送等应急救援技能及应急反应综合素质,有效降低事故危害,减少事故损失。

应急培训的范围应包括:(1)政府主管部门的培训;(2)社区居民的培训;(3)企业全员的培训;(4)专业应急救援队伍的培训。

(二)应急培训的基本内容

应急培训是指对参与应急行动的所有相关人员进行的培训,目的是使应急人员了解和掌握如何识别危险、如何采取必要的应急措施、如何启动紧急情况警报系统、如何安全疏散人群等基本操作。培训内容主要包括以下几方面：

(1) 潜在突发事件失控的原因及预防措施培训；
(2) 突发事件预警、预测、分级响应要求培训；
(3) 应急机构和职责培训。
(4) 各种预案的培训。

(三) 应急演练的类型

根据演练规模可以分为桌面演练、功能演练和全面演练，根据演练的基本内容可以分为基础演练、专业演练、战术演练和自选科目演练。

1. 基础演练

基础演练是应急队伍的基本演练内容之一，是确保完成各种应急救援任务的基础。基础演练主要包括队列演练、体能演练、防护装备和通信设备的使用演练等内容。演练的目的是使应急人员具备良好的战斗意志和作风，熟练掌握个人防护装备的穿戴、通信设备的使用等。

2. 专业演练

专业技术关系到应急队伍的实战水平，是顺利执行应急救援任务的关键，也是演练的重要内容，主要包括专业常识、堵源技术、抢运和清消及现场急救等技术。通过专业演练可使救援队伍具备一定的救援技术，有效地发挥救援作用。

3. 战术演练

战术演练是救援队伍综合演练的重要内容，是提高救援队伍实战能力的必要措施。战术演练可分为班(组)战术演练和分队战术演练。通过演练，可使各级指挥员和救援人员具备良好的组织指挥能力和实际应变能力。

4. 自选科目演练

自选科目演练可根据各自的实际情况，选择开展如防化、气象、侦检技术、综合演练等项目的演练，进一步提高救援队伍的救援水平。

在确定演练科目时，专职救援队伍应以社会性救援需要为目标；兼职救援队应以本单位救援需要为主、兼顾社会救援的需要。

另外，对应急队伍和企业员工进行必要的现场急救演练是十分重要的。如心肺复苏、止血包扎、伤病员的搬运、骨折定位与固定，以及高空坠落、触电、溺水人员的现场抢救等。

救援队伍的演练可采取自训与互训相结合、岗位演练与脱产演练相结合，分散演练与集中演练相结合的方法。在时间安排上应有明确的要求和规定。为保证训练有素，在演练前应制定计划，演练中应组织考核，演练完毕后应总结经验，编写评估报告，对发现的问题和不足应予以改进并跟踪。

第三节　应急预案的实施

一、应急预案的实施要点

(1)企业各级应急预案要逐级上报,企业预案需经企业最高管理者批准,并报上级应急指挥系统和当地政府应急指挥系统备案;

(2)组建专职或志愿应急救援队伍;

(3)准备、储备应急物资,建立应急通信网络;

(4)对应急预案进行传达、学习、演练和检查。检查的主要内容包括:通信系统是否能正常有效运行,各种救护设施(用品)是否齐备、有效,撤离步骤是否适宜,事故处置人员能否及时到位等。

(5)高效及时应对突发事件。

二、实施应急救援的注意事项

(1)做好报警、接警工作。紧急情况出现后,最初响应极为重要,否则会导致事故扩大。报警人员应准确汇报突发事件发生的时间、地点、性质、事故状态、气象(风向)及人员伤亡情况,以便接警人员准确记录和掌握现场情况,做出准确响应。

(2)现场警戒和安全。在处置突发事件时,一定要把人员安全放在首要位置,注意确保作业人员、应急人员、相关方人员及社区群众的安全。要沉着应对,避免混乱。对危险现场加强警戒,对无关人员要快速疏散至指定安全地点,并防止外来人员进入,造成不必要的伤亡。

(3)做好现场有毒有害、易燃易爆危险物质的检测工作,以保证人员的安全疏散和应急人员的安全进入。由于石油石化事故往往涉及以上危险物质,应急人员贸然进入危险区将会导致严重后果。现场检测是抢险方案制定的依据,应在规定的半径范围内对空气、水、土壤持续进行检测。

(4)迅速判断险情,控制险情。危险物质泄漏、火灾爆炸、洪水灾害、疫情蔓延、食物中毒及其他工业事故的发生和发展都有其固有规律,迅速判明情况、找出根源是控制事故的根本。如处置集气站泄漏事故的关键是切断电源、火源,判断泄漏位置和切断上下游阀门,打开放空,通知关井。这些措施实施后,泄漏很快就能得到控制。

(5)现场恢复。险情得到控制后,根据情况及时实施恢复措施,如设备管道更换维修、污染区域洗消措施,使现场尽快恢复到正常状态。

(6)及时做好事故调查处理工作。应急的同时,技术部门应配合事故调查人员做好现场调查取证工作,防止因事故应急使证据破坏。同时要做好善后工作,确保稳定。

(7)做好信息发布工作。应急指挥部应及时发布相关信息,保证安全和稳定。

(8)总结评比。应急结束,应做好总结工作,对有功人员进行表彰,并及时对应急预案进行评审。

第四节　应急预案评审及有效性评价

一、应急预案的评审

应急预案是企业在应急状态下实施应急活动的指导性文件。应急预案应具有法律性、科学性、实用性。为此,企业的应急预案每年至少要评审一次。评审时应注意如下问题:在脆弱性分析时发现的问题和不足是否得到充分的重视?各位应急管理和响应人员是否理解各自的职责?企业的风险有无变化?应急预案是否根据企业的布局和工艺变化而更新?企业的布置图和记录是否保持最新?新成员是否经过培训?企业的培训是否达到目的?预案中的人员姓名、头衔和电话是否正确?是否逐渐将应急管理融入企业的整体管理?社区机构和组织在预案里面是否体现?他们是否参与了预案的评审?

除了年度评审之外,某些特定时间也应开展评审和修订,如每次培训和演练之后、每次紧急情况发生之后、人员或职责发生变动之后、企业的布局和设施发生变化之后、政策和程序发生变化之后。应急预案要实施动态管理,持续改进、不断完善。

二、应急预案有效性评价

(一)评价内容

(1)应急体系是否完整;
(2)应急预案内容是否符合要求;
(3)应急机构是否全面,职责是否清楚;
(4)报警、接警程序是否简洁快速;
(5)各种应急程序是否科学、实用;
(6)人员能力是否充分,应急管理部门是否定期依照应急预案组织演练;
(7)应急物资是否充分;
(8)通信联络是否可靠、有效。
简言之,也就是评价:
(1)迅速控制事故发生的有效性;
(2)减少事故损失的有效性;
(3)迅速恢复常态管理的有效性。

(二)评价方式

应急预案的有效性评价采用自我评价和第三方评估相结合的方式。

（1）自我评价，由企业质量安全环保部门组织，各职能部门、下属单位及维修、抢修中心参加，对预案实施过程中存在的问题进行评估，总结经验，对应急预案进行修改、完善。

（2）第三方评估，由国家相关部门或集团公司组织外部进行评估，企业质量安全环保部门配合有资质的评估专家进行调查和预案评估。

（三）预案更新

当应急预案所涉及的组织机构发生改变、工艺技术、设备进行较大调整或其他变更时，应由有关部门负责组织修改，质量安全环保部门组织审查，经企业最高管理者批准后发布。

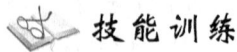

加油站防恐应急预案编制实例

一、总则

（1）编制目的。为了提高应对恐怖袭击的处置能力，建立健全各种预警和应急机制，明确加油站各班组的防恐工作职能，建立有效的应急救援系统，确保恐怖袭击发生时，能够迅速、准确、高效实施救援工作，最大限度降低恐怖袭击造成的人员伤亡、财产损失和社会影响，特编制本处置方案。

（2）编制依据。本处置方案依据中石化北京石油分公司《突发事件应急预案》制定。

二、基本情况

加油站位于_____区_____路_____号，为中石化北京石油分公司加油站（自有、租赁、控股）。加油站_____小时营业，加油站人员_____人分为_____个班。

本加油站占地约_____m²，共有_____个m³的埋地油罐，其中_____油罐_____个；_____油罐_____个；_____油罐_____个和柴油油罐_____个，_____台加油机，为_____级站。加油站坐_____朝_____，其临_____（距建筑物_____m以外）；临_____（距建筑物_____m以外）；站前_____m以外是路；站后_____m以外是。

三、危险目标及可能发生的事件

根据该加油站的基本情况及其周边基本情况，恐怖分子可能会对如下目标进行袭击下：储油区、加油区、卸油区易造成火灾、爆炸等次生灾害部位。

可能发生的事件有：

（1）加油站内停放安有爆炸装置的车辆；

（2）在油罐井内放置爆炸装置；

（3）在垃圾桶内放置爆炸装置；

（4）抢夺正在进行加油操作的油枪实施纵火；

(5)在油罐车卸油时袭击油罐车。

四、应急岗位分工及职责

(1)指挥:由加油站经理担任指挥,站经理不在站时,由当班带班长任指挥。发生恐怖袭击时,立即向公安部门报警,并组织力量,采取有效措施,尽可能制止恐怖事件发生,保护员工生命安全;一旦恐怖分子破坏得手,应主动采取有效措施,控制事态发展,减少损失。协助公安部门侦查、处理恐怖案件。

(2)报警:由结账员、开票收款员或便利店人员负责报警。发生恐怖袭击时,按动紧急联网报警器,其次向当地公安部门电话报案,最后上报片区经理。

(3)现场警戒:由当班加油员负责。发生恐怖袭击时,切断电源、疏散车辆,正确地采取合法有效的措施,控制事态发展负责保护恐怖袭击现场的完整;防止闲杂人员进入现场和移动现场的任何物品,以便于公安人员进行现场勘查、救护受伤员工。

五、公司应急电话

公司应急电话列入表7-1。

表7-1 公司应急电话

救援信号	电话	备注
火警电话	119	
急救电话	120	
匪警电话	110	
当地派出所电话		
零售中心应急办公室电话		
公司应急办公室电话		

六、应急启动程序

(1)袭击发生后,加油站立即启动应急行动,拨打110报警或按下紧急联网报警装置,疏散站内车辆、及时告知周边危险区域的居民,并向零售中心应急指挥办公室报告。恐怖袭击造成火灾、大量泄漏、爆炸等次生灾害火险应立即报火警,同时加油站启动相应的应急预案。

(2)零售中心应急行动指挥部接警启动应急行动后,加油站各岗位配合中心应急行动,接受中心应急行动的指挥。

七、各重点部位防范要求及应对方案

(一)加油区和储油区防范要求

(1)注意观察加油站内外的情况,不定期对加油站进行巡视。巡视内容主要是长时间停放在站内的可疑车辆,防止恐怖分子放置爆炸装置,如发现可疑物品立即处理或报警。

(2)密切注意进入加油站的闲杂人员动态,防止发生恐怖袭击。

(3)员工卡要随身携带,不得插在无人值守的加油机上,防止恐怖袭击。

(4)储油区罐井盖、量油口、卸油口、卸油回气口必须上锁保护,防止恐怖分子放置或投放爆炸装置。

(二)卸油区防范要求

(1)油罐车卸油进站前,加油站员工要对车辆进行检查,核对油罐车司机和押运员身份,检查内容包括:油罐车底盘、油罐车卸油口、油罐车量油口、汽车油箱等部位,防止恐怖分子放置爆炸物品。

(2)卸油过程中,严格执行卸油操作规程,距离罐车周围2m范围设置警戒线。发生恐怖袭击时,油罐车要立即驶离加油站。

思 考 题

1. 突发事件的分类有哪些?
2. 应急预案建立的基本原则是什么?
3. 应急救援应注意哪几个重要环节?

参 考 文 献

[1] 中国石油天然气集团公司安全环保与节能部.HSE 管理体系基础知识.北京:石油工业出版社,2012.
[2] 中国大庆井控培训中心.钻井 HSE 培训教材.北京:石油工业出版社,2013.
[3] 《石油天然气井下作业井控》编写组.石油天然气井下作业井控.北京:石油工业出版社,2008.
[4] 吕凤滨,孟琦.井下井控技术.东营:中国石油大学出版社,2017.
[5] 吕凤滨,黄树.修井作业技术.东营:中国石油大学出版社,2015.
[6] 郑社教.石油 HSE 管理教程.北京:中国工业出版社,2010.
[7] 周柏贾.石油工程与化工安全管理.长春:吉林科学技术出版社,2019.
[8] 张琪.采油工程原理与设计.东营:中国石油大学出版社.2006.
[9] 于胜鸿,郭志伟.井下作业安全手册.北京:石油工业出版社,2009.
[10] 李文华.石油工程 HSE 风险管理.北京:石油工业出版社,2008.
[11] 郭耘.井下作业人员 HSE 培训教材.北京:中国石化出版社,2009.
[12] 罗远儒,张晓.实用 HSE 管理.北京:石油工业出版社,2013.
[13] 廖智娇,杨涛,濮阳,等.海上采油作业 HSE 风险分析[J].中国石油和化工标准与质量,2013,0(3):237.
[14] 张亚丽,牟善军,王秀香.中国石化 HSE 监督管理系统研究与实现[J].中国安全生产科学技术,2011(4):167-172.
[15] 李尧远.应急管理丛书:应急预案管理.北京:北京大学出版社,2013.
[16] 涂高发.企业安全管理与应急预案全案.北京:中国工人出版社,2014.
[17] 都市新典.应对突发事件的关键——应急预案与预测预警.北京:中国广播电视大学音像出版社,2017.

附录

三大石油公司HSE相关企业标准

附录一 中国石油天然气集团有限公司企业标准

1. Q/SY 1002.1—2013：健康、安全与环境管理体系第1部分：规范。
2. Q/SY 1002.2—2014：健康、安全与环境管理体系第2部分：实施指南。
3. Q/SY 1002.3—2015：健康、安全与环境管理体系第3部分：审核指南。
4. Q/SY 1047—2010：石油天然气测井作业健康、安全与环境管理导则。
5. Q/SY 1124.9—2012：石油企业现场安全检查规范第9部分：天然气净化厂。
6. Q/SY 1124.6—2013：石油企业现场安全检查规范第6部分：测井作业。
7. Q/SY 1124.3—2012：石油企业现场安全检查规范第3部分：修井作业。
8. Q/SY 1124.2—2012：石油企业现场安全检查规范第3部分：钻井作业。
9. Q/SY 1124.8—2010：石油企业现场安全检查规范第8部分：海洋钻井与井下作业。
10. Q/SY 1124.12—2014：石油企业现场安全检查规范第12部分：采油作业。
11. Q/SY 1124.16—2014：石油企业现场安全检查规范第16部分：海上油气生产。
12. Q/SY 1124.7—2014：石油企业现场安全检查规范第7部分：管道施工作业。
13. Q/SY 1131.3—2013：重大危险源分级规范。
14. Q/SY 1246—2009：脚手架作业安全管理规范。
15. Q/SY 1370—2011：便携式梯子使用安全管理规范。
16. Q/SY 1361—2011：办公区域安全管理规范。
17. Q/SY 1366—2011：氮气使用安全管理规范。
18. Q/SY 1363—2011：工艺安全信息管理规范。
19. Q/SY TZ 0361—2013：上锁、挂签、测试安全管理标准。

20. Q/SY 1625.2—2014:带压作业规程第2部分:带压作业设计。

21. Q/SY 1630—2014:控压钻井作业规程。

22. Q/SY 1129.3—2011:安全帽生产与使用管理规范。

23. Q/SY 1710—2014:HSE"两书一表"管理规范。

24. Q/SY 1711—2014:健康、安全与环境管理体系运行质量评估导则。

25. Q/SY 1712.1—2014:溢油应急用产品性能技术要求第1部分:围油栏。

26. Q/SY 1712.2—2014:溢油应急用产品性能技术要求第2部分:吸油毡。

27. Q/SY 1712.3—2014:溢油应急用产品性能技术要求第3部分:吸油拖栏。

28. Q/SY TZ 0394—2017:工业动火作业安全管理标准。

29. Q/SY TZ 0368—2017:挖掘作业安全管理标准。

30. Q/SY TZ 0366—2017:临时用电安全管理标准。

31. Q/SY TZ 0365—2017:高处作业安全管理标准。

32. Q/SY TZ 0364—2017:进入受限空间作业安全管理标准。

33. Q/SY 07009—2017:自动垂直钻井系统。

34. Q/SY TZ 0362—2017:管线打开作业安全管理标准。

35. Q/SY 08124.3—2018:石油企业现场安全检查规范第3部分:修井作业。

36. Q/SY 8124.26—2018:石油企业现场安全检查规范第26部分:煤层气地面建设。

37. Q/SY 08529—2018:环境因素识别和评价方法。

38. Q/SY 74—2011:职业健康工作指南。

39. Q/SY 134—2012:石油化工管道安全标志色管理规程。

40. Q/SY 135—2012:安全检查表编制指南。

41. Q/SY 136—2012:生产作业现场应急物资配备选用指南。

附录二　中国石油化工集团有限公司企业标准

1. Q/SH 1500 0029—2014:压裂材料技术规范。
2. Q/SH 0751—2019:含硫天然气净化装置腐蚀控制技术规范。
3. Q/SH 1500 0031—2013:钻井液用液体润滑剂通用技术要求。
4. Q/SH 1500 0059—2013:钻井液用封堵防塌剂聚合醇技术要求。
5. Q/SH 1020 2291—2015:钻井液用两性离子聚合物降黏剂技术要求。
6. Q/SH 1020 2392—2015:金属筛网绕丝复合滤砂管通用技术条件。
7. Q/SH 0117—2007:油气回收系统工程技术导则。
8. Q/SH 0258—2009:地震勘探采集工程劳动定员。
9. Q/SH 0259—2009:钻井工程劳动定员。
10. Q/SH 0267—2009:地震勘探资料叠前时间偏移处理技术规程。
11. Q/SH 0268—2009:重磁电资料处理解释技术规程。
12. Q/SH 0270—2009:常规油、气、水井水力压裂设计、施工与验收规范。
13. Q/SH 0272—2009:注水井分层测试调配操作规程及验收规定。
14. Q/SH 1035 0515—2005:试油作业现场施工管理规定。
15. Q/SH 1035 0848—2007:膨胀式地层测试作业规程。
16. Q/SH 1020 0124—2006:注水泵操作与保养规程。
17. Q/SH 1035 0684—2006:开发井井下作业监督管理规定。
18. Q/SH 1020 0143—2004:抽油杆的使用与管理推荐做法。
19. Q/SH 1035 0927—2007:信息资源管理规范。
20. Q/SH 1020 0787—2007:集油站技术管理规范。
21. Q/SH 0245—2009:高含硫化氢气田天然气集输系统设计规范。
22. Q/SH 0043—2007:钻井液用磺化沥青技术要求。
23. Q/SH 0023—2006:川东北含硫化氢天然气井地层测试推荐作法。
24. Q/SH 0177—2008:井下作业施工油气层保护技术规范。
25. Q/SH 1020 1588—2003:FM套管防磨接头。
26. Q/SH 1020 1652—2004:油、气、水井修井作业现场交接要求。

27. Q/SH 0297—2009:聚合物驱开发动态分析及动态监测要求。

28. Q/SH 0296—2009:油田密闭取心井地质设计规范。

29. Q/SH 0281—2009:充气泡沫钻井液技术规程。

附录三　中国海洋石油集团有限公司企业标准

1. Q/HS 6004—2004:测井拖撬组技术规范。
2. Q/HS 7010—1993:管线阀门(闸阀、旋塞阀、球阀和单向阀)规范。
3. Q/HS 7012—1993:CNOOC 油气分离器规范 CNOOC 油气分离器规范。
4. Q/HS 7016—1993:海底管道稳定性规范。
5. Q/HS 4006—2002:海洋石油平台用载人吊篮使用技术条件。
6. Q/HS 4004—2002:海洋石油钢丝绳检验及检查要求。
7. Q/HS 3004—2002:海上油气田开发工程项目投资估算、概算编制指南。
8. Q/HS 3002—2002:渤海井口平台机械、电气、仪表设计规定。
9. Q/HS 6004—2004:测井拖撬组技术规范。
10. Q/HS 2014.1—2004:完井液性能指标第 1 部分:无固相水基完井液。
11. Q/HS 3016—2005:海上油气田开发工程设计阶段划分及设计内容规定。
12. Q/HS 2028—2007:海上钻井作业气井井控规范。
13. Q/HS 0001.6—2001:油田企业基层队 HSE 实施程序编写指南。
14. Q/HS 2025—2010:海洋石油弃井规范。
15. Q/HS 13006—2009:固定资产投资工程项目可行性研究及初步设计节能篇(章)编写通则。
16. Q/HS 8003—2007:物资出库指南。
17. Q/HS 8002—2007:库存物资保管保养要求。
18. Q/HS 13008—2010:海上油气田工程设计节能技术规范。